2013 中国国有林场发展报告

国家林业局

中国林业出版社

图书在版编目(CIP)数据

2013 中国国有林场发展报告 / 国家林业局主编. —北京：中国林业出版社，2015. 11

ISBN 978-7-5038-8230-2

Ⅰ. ①2… Ⅱ. ①国… Ⅲ. ①国营林场 - 经济发展 - 研究报告 - 中国 - 2013 Ⅳ. ①F326. 2

中国版本图书馆 CIP 数据核字(2015)第 254563 号

出版：中国林业出版社(100009 北京西城区德胜门内大街刘海胡同 7 号)

E-mail：Lucky70021@ sina. com **电话**：010 - 83143520

发行：中国林业出版社总发行

印刷：北京中科印刷有限公司

印次：2015 年 10 月第 1 版第 1 次

开本：787mm × 1092mm 1/16

印张：11

字数：210 千字

定价：88. 00 元

2013中国国有林场发展报告

编写组

组　长　刘春延　赵中南

副组长　管长岭　翟洪波

成　员　李　焰　李建锋　郝　明　杜书瀚　张　静

赵鹏武　杨　华　周　梅　王宏伟　魏晓霞

周　奇　宗　雪　于丽瑶　孔凡利　胡耀升

石　田　闫晓军　历彦彬　姚丹阳　张成刚

张　力　盛　俐　薛秀康　黄　翔　肖　遥

张　剑　李　晖　毛小荣　蒋仲龙　闫　平

张　志

前　言

我国国有林场，是新中国成立初期，国家为加快森林资源培育，保护和改善生态环境，在重点生态脆弱区和大面积集中连片的国有荒山荒地上，采取国家投资的方式建立起来的专门从事营造林和森林管护的林业事业单位。截至2013年年底，全国国有林场总数4855个，分布在31个省（自治区、直辖市）的1600多个县（市、区、旗），已成为我国生态功能最完善、森林资源最丰富、森林景观最优美、生物多样性最富集的区域之一，是全体国民巨大的公共产品和宝贵的生态财富，是我国林业事业的重要组成部分和生态建设的骨干力量，构成了建设生态文明和美丽中国的绿色脊梁。

党的十八大提出生态文明建设并将其纳入中国特色社会主义事业“五位一体”的总体布局，明确提出大力推进生态文明建设，努力建设美丽中国，实现中华民族永续发展的宏伟蓝图。林业是生态建设的主体，是维护生态安全的基本保障，是保护生态、改善民生、促进科学发展、实现绿色增长的核心力量。国有林场是中国特色社会主义林业的重要组成部分，是我国林业生态建设的主力军，在生态文明建设中担当重要使命。

1952～2012年是国有林场创办发展60年的历史时期，截至2013年，国有林场经历了60年的建设和发展，为国家、中华民族及其子孙后代保留住非常珍贵的绿色财富的同时，面临新的任务也出现了功能定位不清、管理体制不顺、经营机制不活、支持政策不健全等很多遗留问题，使国有林场的建设发展陷入了困境。2013年，经国务院同意，国家林业局和国家发改委批复了国有林场改革试点方案，国有林场改革在浙江等7个省（自治区）启动；国有林场基础设施建设不断完善，贫困林场扶贫及民生问题逐渐解决，国有林场改革共识逐步统一。

本报告以国有林场改革试点批复实施为契机，从全国国有林场工作的组织管理与部署、国有林场的改革与发展、森林资源的保护与经营管理、基础设施建设、贫困林场扶贫、国有林场特色产业经营与发展、相关工作的宣传推介、合作与交流等方面首次记录我国国有林场当年的重要发展事件，通过总结整理、积累经验，必将对我国国有林场事业的发展产生深远的影响。

当前，我国国有林场建设发展正处于恢复发展阶段，处于战略机遇期和改革攻坚期。在新的历史条件下，我们一定要深入贯彻落实习近平总书记关于生态文明建设和林业改革发展的重大战略思想，牢固树立中国特色社会主义生态观，全面深化国有林场改革，创新国有林场管理体制机制，严格执行国有林场森林资源资产管理制度，不断增强生态林业和民生林业发展的内生动力，为建设生态文明和美丽中国创造更好的生态条件。

编　者

目　　录

摘　要

2013年，是全面贯彻落实党的十八大精神的开局之年，也是完成“十二五”规划目标任务的关键之年。国有林场工作全面贯彻落实党的十八大和十八届三中全会精神，以科学发展观为指导，认真贯彻执行全国林业厅局长会议要求，以保生态、促民生为主要目标，按照“强基础、提质量、优服务、上水平”的工作思路，抓好国有林场改革试点，完善国有林场管理体制机制，推动国有林场转型升级，增强国有林场发展活力，为现代林业发展做出了新的贡献。

（一）国有林场组织管理得到进一步加强

2013年，中共中央、国务院高度重视国有林场工作，中共中央总书记、国务院副总理等中央领导同志对国有林场改革试点工作和职工生活困难问题的解决等分别作出重要批示和指示。国家林业局党组在全国林业厅局长会议等重要会议上重点强调国有林场工作，加强组织管理和调研督导，启动国有林场管理条例编制工作，举办各类培训班，出台相关管理办法等，促进国有林场改革试点工作和规范化发展。全国各省（自治区、直辖市）省委、政府及林业主管部门安排部署国有林场全年工作重点，加强对林业主管部门、林场场长及从业人员的业务培训，提高业务水平和创新能力。

（二）国有林场改革试点进入实质性推进阶段

2013年，在国家林业局党组的积极推动下，国有林场改革试点取得了实质性进展。经国务院同意，国家林业局和国家发展改革委员会（以下简称：国家发改委）正式批复国有林场改革试点实施方案。本次试点涉及河北、浙江、山东、江西、湖南、安徽、甘肃等7个省865个国有林场，18万职工，经营面积390.6万公顷（5859万亩*），分别占全国国有林场的17.8%、24%、5.1%。中央安排林改补助资金24亿元，随着改革试点的实施，国家

* 1亩≈667平方米，1亩≈0.0667公顷。

林业局会同国家发改委和财政部等部门着手起草《国有林场改革方案》，部分省（自治区、直辖市）已经自主启动国有林场全面改革，新疆、山西、青海等部分省（自治区）着手实施改革前准备和探索，全国面上国有林场改革稳中前进。

（三）国有林场森林资源保护与经营效果显著

截至2013年年底，全国国有林场森林资源保护效果显著，0.76亿公顷经营面积中林业用地面积0.58亿公顷，森林面积0.45亿公顷，森林蓄积量23.4亿立方米；国有林场公益林面积0.41亿公顷，其中国家重点公益林0.27亿公顷。同时，森林经营管理不断深入，进一步加强国有林场森林经营方案编制与实施示范林场建设，已有50%的国有林场完成了森林经营方案的编制工作，并评选公布了15个国家林业局首批森林经营方案实施示范林场。全国各地不断加强森林可持续经营，国有林场生态功能、社会效益和经济效益不断提升。

（四）国有林场基础设施建设不断改善

2013年，《国有林场基础设施建设标准》颁布实施，国家林业局国有林场和林木种苗工作总站（以下简称：国家林业局场圃总站）积极争取中央预算内投资建设，国有林场房、路、水、电、视等基础设施不断改善。其中：投资1.13亿元，完成危旧房改造10110户；投资6.2亿元，改造国有林场外部连接公路1.2万千米；投资9363万元，解决了8.2万户国有林场职工的安全饮水问题；投资1.85亿元，解决了2万户国有林场职工的供电问题。此外，部分省（自治区、直辖市）国有林场积极争取地方投资，基础设施建设不断加强，国有林场生产生活条件不断完善。

（五）国有贫困林场扶贫工作有序开展

2013年，国家林业局不断加强国有林场扶贫力度和扶贫管理，林业行业标准《国有贫困林场界定指标与方法》颁布实施，界定国有贫困林场3485个，贫困总人数233万人。国有林场扶贫资金新增3000万元，总量达到3.5亿元，支持了28个省的847个国有贫困林场。扶贫资金主要用于支持贫困林场改善生产生活条件、发展生产、人员培训、省级林业主管部门提取项目管理费等四个方面。通过扶贫工作的实施，国有林场生产生活条件不断改善、林场自我发展能力不断增强、职工素质不断提升，国有林场贫困状况逐步缓解。

（六）国有林场特色产业发展效益不断提高

2013年，国有林场产业发展效益不断提高，全年营业总收入179.4亿元。其中：种植业总收入111.3亿元，占国有林场营业总收入的62%，营业利润44.5亿元，占总营业利润的77.3%；以森林旅游为主的非林木产业实现营业收入42亿元，占林场营业总收入的23.4%，营业利润13.1亿元，占营业利润的22.7%，发展势头良好。国有林场营业总成本211.9亿元，比2012年增加25.5亿元，同比增长27.3%。截至2013年年底，全国国有林场总资产1407.5亿元。其中：流动资产363.6亿元，包括固定资产净值和林木资产的非流动性资产1043.9亿元；国有林场总负债579亿元，其中流动负债445.1亿元，非流动负债133.9亿元。

（七）国有林场宣传推介力度进一步扩大

2013年，国家林业局场圃总站举办了我国国有林场创建60多年来首届国家级职业技能竞赛。此外，为了树立典型，学习先进，举办了“山绿、场活、人富”为主题的“全国十佳林场评选活动”。举办了“‘原山杯’纪念国有林场创办60周年征文活动”，突出体现了国有林场为改善生态环境发挥的重要作用和建设祖国秀美山川做出的巨大贡献，国有林场职工扎根艰苦环境的无私奉献精神。各省（自治区、直辖市）也开展了“林场职工自营经济评比活动”、“先进事迹报告会”等形式多样的主题活动，宣传国有林场，激发林场积极发展。同时，国家林业局场圃总站借助国有林场官方网站及时、全面地宣传国有林场建设和发展动态；通过新闻媒体等报道最新进展，增强对外影响力。

（八）搭建交流合作平台，促进行业协会发展

2013年，国有林场场级干部挂职交流工作得到进一步加强，出台了《国有林场场级干部挂职锻炼管理办法》，新增山东省淄博市原山林场等17个挂职锻炼林场，使以后挂职锻炼人员可选择的林场达到了40个。此外，国家林业局场圃总站举办了中日技术合作中国西部地区林业人才培养项目：“西部地区国有林场改革与森林资源管理研讨会”，促进了相互交流和西部林业人才的培养。同时，林场协会的“窗口作用”日益凸显，2013年共编辑发行《林场信息》15期，每期700份，对国有林场的森林资源保护与利用、经营管理、改革发展、产业经营、基础设施建设、贫困林场扶贫、职工队伍建设等方面进行了全面报道。

第一章　组织管理与工作部署

2013 年，中共中央、国务院高度重视国有林场工作。国家和省级各层面分别部署和落实国有林场工作，《国有林场条例》起草和相关管理办法不断加强，组织各类培训班、调研、督导，进一步提高业务能力和工作水平，促进国有林场改革试点，完善国有林场管理体制机制，强化森林经营方案编制与实施，增强国有林场发展活力等各项工作有条不紊、扎实推进。

一、领导重视

2013 年 4 月，国务院副总理调研国家林业局时对国有林场工作做出了明确指示，指出国有林场职工生活困难问题要专门研究、专题汇报，要拿出有力措施切实解决；5 月，国务院副总理对国有林场改革试点工作做出重要指示："关于国有林场改革试点，一是要通过改革，推进生态建设，保护好森林资源，生态林只能增加，不能减少；二是要通过改革，实现林场搞活，职工致富，要因地制宜、大力发展森林旅游等特色产业，增强林场自我发展活力，提高职工收入水平；三是要通过改革，体现花钱买机制，实现机制创新，要认真研究事业编制问题，新老工人区别解决。"

2013 年 8 月，经国务院同意，国家林业局、国家发改委正式批复了国有林场改革试点方案。随后，中共中央总书记对国有林场工作做出了重要批示："国有林场改革方案应经中央政治局审议。"同时，国务院总理、副总理也相继做出了批示。此外，中国林场协会提出的《关于国有林场场外发展林业，推进区域林业和生态建设的调查报告》得到国务院总理、副总理的重要批示："请国家林业局商有关部门提出意见上报"。

二、组织管理

（一）认真贯彻《国有林场管理办法》，加强林场管理

国家林业局于 2011 年 11 月印发了《国有林场管理办法》（以下简称《办法》），旨在加强国有林场管理，维护国有林场合法权益，保障国有林场改革顺利进行，促进国有林场科学发展。为认真贯彻《办法》的实施，加强国有林场森林资源经营管理，国家林业局印发《国家林业局关于国有林场森林经营方案编制和实施工作的指导意见》（林场发〔2012〕184 号）；印发《关于加强国有林场森林资源管理保障国有林场改革顺利进行的意见》（林场发〔2012〕264 号）。

2013 年，各省（自治区、直辖市）认真贯彻落实，山西省把握《办法》的出台实施，积极推进市、县林场改革，把国有林场改革纳入政府考核范围，并加大立法和执法力度，完善国有林场管理体系，争取省政府出台《山西省国有林场管理办法》；广西壮族自治区逐步实行国有林场森林采伐限额由省级制定、国有林场管理部门具体管理、林政资源部门综合管理；海南省加强并完善国有林场的制度建设，出台《海南省国有林场管理办法》、《海南省国有林场绩效考核办法》；甘肃省修订完善全省国有林场管理办法，研究制定国有林场考核办法，确定考核内容和评分标准，逐步建立国有林场年度管理考核机制，提高国有林场管理水平。

（二）国家林业局场圃总站启动《国有林场条例》编制

2013 年 5 月，国家林业局场圃总站在北京组织召开了《国有林场条例》（以下简称：《条例》）起草工作座谈会，明确了《条例》编制工作的重要性和工作程序。5 月，召开《条例》起草工作第一次会议，成立《条例》起草工作小组，并明确了《条例》起草工作分工及时间安排。9 月，召开《条例》起草小组第二次会议，确定了《条例》的基本框架和重点；12 月，形成《条例（初稿）》并进入《条例（征求意见稿）》的修订阶段。

（三）国家林业局场圃总站出台实施全国十佳林场推选办法

2013 年，国家林业局场圃总站为宣传新时期林场建设成就，弘扬国有林

场艰苦创业、无私奉献，开拓创新、锐意进取的行业精神，学习借鉴先进经验，引导林场沿着现代林业方向健康发展，在全国4855个国有林场中开展年度“全国十佳林场”评选活动。为确保活动规范有序进行，制定实施《全国十佳林场推选办法（修正案）》，明确了推选的范围、原则、条件和程序。

（四）部分地区国有林场管理不断加强

1. 贵州省国有林场法制化建设取得进展

2013年，贵州省国有林场法制化建设取得实质性进展。贵州省为贯彻落实党的十八大提出的生态文明建设的精神，充分发挥国有林场在建设生态林业和民生林业中的重要作用，在省人大代表、政协委员的多次建议下，通过各级林业部门和基层国有林场的积极努力，贵州省人民政府印发（黔府办发〔2013〕20号）文，将《贵州省国有林场管理条例》列为2013~2017年拟提请省人大常委会审议的第54项地方性法规项目。

此外，贵州省林业厅印发《关于加强占用国有林场林地管理工作的通知》（黔林营通〔2013〕308号），要求：一是各级林业部门要加强管理，从严制止乱占滥用国有林场林地。二是要求各国有林场要利用好林地补偿等相关费用，采取在集体林地上实施合资合作造林、流转集体或个人所有的森林、林木等方式不断扩大经营面积。三是规范了占用国有林场林地的审查办法和程序，为加强国有森林资源保护和管理，防止国有森林资源资产流失，提供了政策依据。

2. 广西出台国有林场考核指标体系和考核办法

2013年，广西壮族自治区林业厅出台了国有林场科学发展考核指标体系和考核办法。通过定性、定量考评，对2012年度区直林场科学发展和提质增效活动情况进行严格考评，并召开视频会议逐个林场通报考评结果。同时，完成了2013年度区直林场科学发展考核指标和区直林场集团公司科学发展考核指标的制定下达。修改完善了区直林场科学发展考核指标体系和考核办法，强化了发展质量和效益指标的考核。

3. 新疆林业厅加强国有林场规范化管理

2013年，新疆维吾尔自治区林业厅为贯彻落实国家林业局《国有林场管理办法》，推动国有林场管理向法制化、规范化、科学化方向迈进，结合本地区国有林场实际情况，制定了《自治区林业厅实施〈国有林场管理办法〉的补充规定》（以下简称：《补充规定》）。《补充规定》对国有林场涵盖的范围、国有林场设立、变更、撤销的条件和程序做出了具体规定，进一步明确了国有林场实行分类管理、加强国有森林资源管理、保持国有林场（局、站）林地权属的稳定、国有林场基础设施建设纳入相关规划等内容。

三、工作部署

（一）国家层面

1. 国家林业局党组重要部署

2013 年，国家林业局召开全国林业厅局长会议，国家林业局领导对全国林业工作提出“五抓”，即抓改革、抓资源、抓科技、抓产业、抓民生。特别就国有林场工作强调指出“要按照公益事业单位管理的要求，落实财政补助政策，做好资源管理、财务管理、人员安置、债务化解等工作，积极推进国有林场改革试点”，对国有林场改革的方向、政策、原则、工作重点等进行了明确部署。

2013 年，国家林业局党组在安排部署一年的工作中指出，按照“改革、稳定、规范、服务、发展”的总体思路，出台支持国有林场改革发展的意见，制定国有林场岗位设置和管理指导意见，妥善解决国有林场金融机构债务，适时扩大改革试点范围，稳步推进国有林场改革。

2. 国家林业局场圃总站安排部署全年工作思路

2013 年 3 月，中国林场协会三届三次常务理事会暨全国国有林场工作座谈会在福州召开，国家林业局场圃总站相关领导对国有林场工作进行了安排和部署，强调 2013 年工作的基本思路：认真学习贯彻党的十八大精神，落实全国林业厅局长会议要求，积极推动国有林场改革试点，以强化管理为手段，以促发展为目标，以完善国有林场政策支撑为保障，加强森林资源保护，加快森林资源培育，大力发展林场经济，改善林场基础设施条件，增加职工收入，为建设现代林场打下坚实基础。

3. 国有林场改革工作小组进一步明确国有林场改革工作目标

2013 年 8 月，国有林场和国有林区改革工作小组〔国家发改委和国家林业局牵头，中央编办、民政部、财政部、人力资源与社会保障部（以下简称：

人社部）、住房和城乡建设部（以下简称：住建部）和银监会等部门参加的国有林场和国有林区改革工作小组，以下简称：“国有林场改革工作小组”〕第三次扩大会议在北京召开，会议进一步明确国有林场改革的目标为“1 + 3”，即以加强生态林保护为核心目标，以改善职工生产生活条件、增强林场自我发展活力、创新林场管理体制机制为重要目标。会议还讨论部署了包括开展督导检查和调研；研究制定国有林场岗位设置管理、财务管理、减免国有林场金融债务等配套政策；宣传典型经验；扩大试点范围等下一步工作要点。

（二）省级层面

1. 江西省省委、省政府研究部署国有林场相关工作

2013 年 3 月，江西省召开国有林场改革工作座谈会，会议通报了全省国有林场改革进展情况，分析了当前国有林场改革面临的形势和存在的问题，讨论了《2013 年全省国有林场改革试点工作方案（征求意见稿）》，研究部署了江西省国有林场工作。会上省林业厅领导指出，推进国有林场改革是省委、省政府做出的一项重大决策，也是全国国有林场改革试点省，肩负着为全国国有林场改革的探索，有利于建立国有林场健康发展的体制和机制，一定要高度重视、认真落实，加强紧迫感和责任感，切实落实国有林场改革工作的积极推进和稳妥进行。

2. 山西省林业厅部署国有林场全年工作重点

2013 年 1 月，山西省林业厅在太原市召开国有林场工作会议，研究部署国有林场工作并指出，要科学谋划、真抓实干，全力推进国有林场改革发展。2013 年及今后一个时期，国有林场建设发展要“瞄准一个目标、贯穿两条主线、把握三个重点、着力四个推进、实现五大转变”，在“绿化山西、生态兴省”建设中发挥好骨干、示范和引领作用。具体讲：一是强基固本，在资源保护上实现新突破；二是突出效益，在产业开发上实现新突破；三是夯实基础，在提升发展能力上实现新突破；四是深化改革，在理顺管理体制上实现新突破；五是创新机制，在经营管理模式上实现新突破。

3. 广东省林业厅全面部署国有林场工作目标

2013 年 3 月，广东省林业厅在广州市召开省直属国有林场工作会议，部署 2013 年工作重点和目标任务。会上指出了省属国有林场的近期发展方向：

一是要“谋发展”，林场要抓住经济转型的重要机遇；二是“强保护”，严格保护好国有林地资源和森林资源；三是“严管理”，通过抓内部管理要效益，通过管理谋福祉；四是“促改革”，要完善改革方案，稳妥推进国有林场改革；五是“转作风”，作风好坏关系事业成败，要树立好的作风、好的风貌，好的业绩。

（三）调研督导

1. 国有林场改革试点工作调研督导组调研江西国有林场改革试点

2013 年 10 月，由国家林业局、国家发改委、财政部、中央编办、人社部、银监会、住建部 7 部委组成的国有林场改革试点工作调研督导组对江西省国有林场改革试点工作进行了调研督导。调研组对江西省国有林场改革试点所做的工作给予了充分肯定。同时，调研组指出：“国有林场改革要与社会主义市场经济体制改革、与行政事业单位机构改革、与当地的财力等相适应”；希望江西省进一步深化国有林场领导体制和管理体制的改革，进一步创新国有林场经营机制。

2. 国家林业局局长调研湖南省林业改革

2013 年 6 月，国家林业局局长先后在湖南省长沙市、耒阳市、浏阳市调研林业改革发展情况。在大围山国有林场，深入到林场职工家中查看危旧房改造情况，并与林场职工就国有林场改革与发展问题进行了详细交谈，解答了国有林场改革发展相关的政策及职工的疑虑。同时，他向林业主管部门强调，任何改革都是痛苦的事情，都要经历相当长时间的阵痛期，要克服困难，确保生态公共产品供给的同时，千方百计增加林业职工收入，改善职工生产生活条件；要继续认真学习和贯彻落实十八大以来的一系列重要指示精神，围绕国有林场改革发展，以保护林业生态资源和维护林农合法权益为核心推动国有林场改革。

3. 中国林场协会调研福建省国有林场

2013 年 3 月，中国林场协会先后深入到福建省洋口林场、邵武卫闽林场、沙县官庄林场、漳平五一林场、南靖永丰林场、龙海九龙岭林场和厦门汀溪林场，通过座谈交流、实地考察、专题研讨等形式进行调研。中国林场协会通过调研充分肯定福建省国有林场在林木良种培育、森林可持续经营等方面取得的成绩，同时指出了下一步工作的重点和方向。中国林场协会调研中还指出，森林经营工作要从政策法规、技术规程、经营理念和经营措施等方面解决束缚森林经营的诸多问题。国有林场要重视产业发展，解决木材供需的结构性矛盾，建设生态林业民生林业，在取得生态效益的同时保证林农致富，把国有林场真正建成国家森林资源战略储备基地和生态文明的载体。

四、业务培训

（一）全国培训班

1. 国家林业局场圃总站举办三期全国国有林场场长培训班

2013 年，国家林业局场圃总站在国家林业局管理干部学院举办了三期国有林场场长培训班，累计培训国有林场场长和主要业务员 400 多人次。培训班采取理论学习和现场教学的形式就林业宏观形势、林业依法行政、危机应对管理、领导素质能力、国有林场管理等内容进行专题讲座。理论学习在国家林业局管理干部学院进行，然后又组织学员赴山东省淄博市原山林场、山西省中条山国有林管理局和河北省塞罕坝机械林场接受现场教学，实地参观学习现代林场建设和森林资源经营管理等方面，并聆听相关先进事迹报告会。

2. 国家林业局与人社部联合举办森林经营管理技术高级研修班

2013 年 6 月，国家林业局、人社部在河北省木兰围场国有林场管理局联合举办了北方地区森林抚育经营管理技术高级研修班。来自北方地区的 15 个省（自治区、直辖市）林业厅（局），内蒙古、吉林、龙江、大兴安岭森工（林业）集团公司，新疆生产建设兵团林业局的主管处长、科技支撑单位技术负责人，以及北京市西山试验林场、河北省塞罕坝机械林场、辽宁省清原县、吉林省汪清林业局、黑龙江省哈尔滨市丹清河实验林场、陕西省延安市黄龙山林业局、甘肃省小陇山林业实验局、大兴安岭林业集团公司松岭林业局 8 个北方地区全国森林经营样板基地的基层管理和技术负责人参加了研修班。

研修班在木兰围场国有林场管理局选择了落叶松人工林近自然经营、近自然育林的流域治理、樟子松人工纯林近自然转化的天然更新实验、生物多样性自然保护区再生性修复实验、残破低效林向高效优质林近自然转化、中幼龄林透光疏伐抚育、矮林经营与转化、恒续林经营、中林经营、目标树经营管理等10个不同森林经营类型的样板林，由实践经验丰富的林管局局长和长期指导该局森林经营工作的专家授课讲解，互动交流森林经营过程中的经验与做法，增强了学员们对森林经营理论和技术的直观感性认识。另外，为使学员进一步了解国内外森林经营现状和发展趋势，研修班还邀请了德国弗赖堡大学林学院教授、中国林业科学研究院及国家林业局规划院相关专家，围绕德国近自然森林经营、中国森林经营现状思考、新修订《森林抚育规程》解读及中央财政林业补贴政策等内容作了专题讲座。

3. 中国林场协会举办2013北方地区国有林场年会暨国有林场立法研讨会

2013年9月，中国林场协会2013北方地区国有林场年会暨国有林场立法研讨会在黑龙江省鸡西市举行。出席年会的有北京、河北、山西、内蒙古、辽宁、吉林、黑龙江等7个省（自治区、直辖市）相关负责人共计86人。为加强省际区域交流，会议还邀请了浙江、江西、河南、广西、四川、贵州、云南、甘肃等省（自治区）的代表参加，并进行了经验交流。会上通报了国有林场改革工作进展，代表们分别就“健全组织领导、重视科研开发、加强森林经营、提高森林质量、发展林业产业、狠抓林下经济、搞好基础设施、积极改善民生”等方面进行发言和研讨。会议还组织了《国有林场条例》起草小组第二次会议，听取了50多位与会代表的意见和建议。

4. 中国林场协会举办2013中南地区国有林场年会暨场外造林研讨会

2013年10月，中国林场协会2013中南地区国有林场年会暨国有林场场外造林研讨会在湖北省孝感市举行。出席年会的有河南、湖北、湖南、广东、广西、海南等6个省（区）相关负责人共计61人。会上对全国十佳林场推选、国有林场改革试点工作进展情况进行了通报。同时，分别就“森林经营管理、确保森林安全、开展场外造林、推进民生建设、改善林区设施”等方面进行了深入研讨；对《国务院关于加强国有林场场外造林工作的意见》（整理稿）进行了认真研究，对其基本框架和重点内容进行了补充。

（二）省级培训班

1. 江西省举办国有林场危旧房改造和数据库培训班

2013年4月，江西省林木种苗和国有林场管理局在南昌市举办了两期国有林场危旧房改造培训班。各设区（市）189个国有林场场长（保护区负责人）共计200余人参加了培训。培训班对国有林场危旧房改造相关政策、项目组织实施与管理进行了专题讲解，强调了国有林场危旧房改造工作纪律和工作要求。各参会林场就前期工作开展情况、存在问题等进行了讨论、交流。此外，还举办了国有林场数据库学习培训班，各县（市、区）国有林场数据库信息员共120余人参加了培训。目的是使国有林场管理人员熟练掌握和操作国有林场数据库软件，增强业务能力，提高国有林场管理水平。

2. 宁夏回族自治区召开国有林场森林经营方案编制和场长培训班

2013年1月，宁夏回族自治区林业局在银川市组织召开了全区国有林场森林经营方案编制培训班。自治区各市、县林业局国有林场森林经营编案技术负责人及林场场长共计150多人参加了培训。培训会上对全区国有林场森林经营方案编制工作进行了全面安排部署，要求领导重视、注重技术细则，科学编制国有林场森林经营方案，切实抓好生产经营管理及森林资源数据更新。

此外，宁夏回族自治区林业局在银川市组织召开国有林场场长及技术人员骨干培训班4次，培训人员300多人次，对《国有林场管理办法》和《国家林业局关于加强国有林场森林资源管理，保障国有林场改革顺利进行的意见》进行了大力宣传和详细解读，达到了进一步解放思想、更新观念、开拓工作思路、创新工作方法的效果，对宁夏国有林场的管理和发展起到了积极的推动作用。

3. 山东省举办国有林场改革培训班

2013年9月，山东省国有林场改革培训班在济南市举办。各市林业局和重点县（市、区）林业局分管局长、林场科（站）长、国有林场负责人等280余人参加了培训。培训班讲述了当前全国国有林场改革试点形势、改革的任务目标和改革的基本原则，对国有林场科学定位、森林资源管理、林下经济发展、基础设施建设等方面进行详细生动地讲解，并就山东省国有林场进一步深化改革提出了意见和建议。培训会上泰安市、临沂市、烟台市林业局和日照大沙洼、淄博鲁山、寿光机械林场等单位就国有林场的建设发展进行了经验介绍；山东省林业厅还进行了国有林场建设发展的工作部署。

4. 山西省举办国有林场场长培训班

2013年8月，山西省林业厅与国家林业局管理干部学院联合举办了两期山西省国有林场场长培训班，300余名学员参加培训。主要培训内容有现代林业与生态文明、国有林场改革与发展、当前林业热点问题解析、林业政策

法规、森林资源管理、森林可持续经营、生态旅游、国有林场管理、预防林业渎职犯罪、领导胜任力提升等。两期学员分别参观学习了以特色产业及现代林场建设为特点的山东省淄博市原山林场和以森林经营及现代林场建设为特点的河北省塞罕坝机械林场的先进经验。通过培训，拓宽了山西省国有林场场长知识面，提高了政治素质和业务水平、履职能力和工作水平，从而更加有力地促进国有林场的改革发展，为推进美丽山西建设提供人才保障。

5. 浙江省举办国有林场数据库管理培训班

2013 年 12 月，浙江省林业厅在丽水职业技术学院举办了全省国有林场数据库管理培训班。详细介绍和演示了国有林场数据库的使用方法，逐项讲解了国有林场基本情况、基础设施建设、森林资源、生态文化、森林经营、产业发展及财务管理情况等统计表格的填报方法，对有疑惑的统计指标进行了统一说明。通过培训，国有林场负责人对国有林场改革、信息化建设的重要性和紧迫性有了进一步认识，对确保国有林场统计数据的时效性、准确性和科学性，提高浙江省国有林场信息化管理水平产生了积极的作用。

第二章 改革与发展

2010 年 5 月，国务院第 111 次常务会议专门研究了国有林场改革问题，要求国有林场改革通过试点，不断完善。2013 年，国务院同意批复国有林场改革试点方案，国有林场改革试点取得了实质性进展，国有林场改革共识逐步统一，全国各省（自治区、直辖市）面上国有林场改革稳中前进。

一、国家林业局积极推动国有林场改革试点

（一）全面部署改革，充分肯定改革探索

2013 年，国家林业局党组高度重视国有林场改革，明确提出把国有林场改革作为林业三大改革的第二次战役来抓，是继集体林权制度改革以后当前国家林业改革的重中之重。在全国林业厅局长座谈会上，国家林业局党组对国有林场改革做出了明确部署，要求国有林场改革要按照公益事业单位的方向完善配套政策，稳步扎实地推进国有林场改革试点。同时，为学习借鉴美国经验，推进国有林场改革发展，经国家外专局批准，场圃总站有关负责同志组团赴美国对公有林（国有林）管理进行了培训考察。美国公有林国家定位明确、管理科学规范、投入渠道畅通、法律保障有力，对我国国有林场改革发展启发巨大。

赴美国公有林管理考察团呈报的考察报告："发展国有林场应当成为建设生态文明的重大国家战略——美国公有林管理对我国国有林场改革发展的启示"中提出，必须把发展国有林场作为一项重大国家战略，必须明晰国有林场以生态建设为主的功能定位，必须树立国有林场是财富而不是包袱的观念，

必须对国有林场实行高层级管理。国家林业局局长在考察报告上批示："这份考察报告写得很好！出国团组很多，鲜有深度的情况分析，此报告值得阅读借鉴。请印送局班子及部门负责同志参阅，可刊《林业要情》。"

此外，国家林业局有关领导对场圃总站与全国总工会中国农林水工会呈报的国有林场改革联合调研报告做出了重要批示，对提出的改革思考和建议给予了充分肯定。

（二）稳步推进改革试点，强化改革管理

2013 年 1 月，国家林业局与国家发改委联合印发《关于做好当前国有林场改革试点工作的通知》（发改办经体〔2013〕129 号），就细化国有林场改革试点方案、维护林场稳定、加强森林资源监管、使用好中央财政补助资金等方面提出了明确要求。8 月，经国务院同意，国家林业局与国家发改委正式批复了河北、浙江、安徽、江西、山东、湖南和甘肃 7 省国有林场改革试点实施方案。同时，国有林场改革工作小组召开国有林场和国有林区改革工作小组第三次（扩大）会议，与试点省人民政府（除安徽省）签订了国有林场改革试点工作责任书，明确了试点省政府在加强国有林场的组织领导、加强国有林场资源保护、落实支持国有林场改革的各项政策、确保社会稳定等方面的责任，使国有林场改革试点进入了实质性推进阶段。

本次改革试点涉及 865 个国有林场，18 万职工，经营面积 5859 万亩，分别占全国国有林场的 17.8%、24% 和 5.1%。国家林业局为加强对国有林场改革试点的管理，确保改革顺利进行，印发《关于开展国有林场改革试点监测工作的通知》（林场改字〔2013〕56 号），加强对 7 个国有林场改革试点省的工作进展进行定期监测。监测重点是在改革进程中国有林场主管部门是否争取或出台了有关改革的政策；国有林场森林资源变化、管理体制、经营机制、产业发展、债务化解、富余人员安置、社会保障、分离林场办社会职能、基础设施建设、改革投入支出等内容；国有林场改革对林场职工就业、收入和社会保障的影响，林场职工对各项改革政策的满意度和政策需求等。

（三）有效开展宣传，营造良好改革氛围

2013 年，国家林业局为国有林场改革试点创造良好的舆论环境，充分发挥先进典型的示范带动作用，营造国有林场改革试点的良好社会氛围，进行了积极的宣传报道。一是组织新华社、人民日报、经济日报记者对国有林场

改革进行了深入报道，赴浙江、江西等省开展了国有林场改革调研，先后在人民日报和经济日报刊登5篇报道文章；二是在中国绿色时报刊登4篇专题报道，系统介绍国有林场改革的背景、现状及进展情况；三是会同浙江、山东、贵州、安徽等省就本地区国有林场改革进行了专题报道。

（四）起草《国有林场改革方案》，积极推动改革

2013年，根据中央领导同志的批示在开展国有林场改革试点的基础上，国家林业局会同国家发改委和财政部等有关部门起草《国有林场改革方案》，征求中央编办、财政部、民政部、人社部、住建部、国土部和银监会的意见，并与有关部门就改革重大问题进行反复协调，进一步修改和完善《国有林场改革方案》。同时，国家林业局在福建召开了国有林场工作座谈会，为获得2012年全国五一劳动奖状、全国生态建设突出贡献奖、全国十佳林场等先进集体和个人进行了表彰和颁奖，福建、山西、重庆、新疆等省（自治区）林业厅领导，东营、毕节市人民政府相关领导作了大会发言。会议对国有林场改革工作进行了全面动员和部署，积极指导和推动各地开展国有林场改革工作。

此外，国家林业局会同国家发改委、中央编办、民政部、财政部、人社部、住建部和银监会组成调研督导组，赴江西、湖南、山东、安徽等省开展国有林场改革调研，掌握国有林场改革试点进展情况，了解改革中出现的新情况、新问题；会同人社部开展国有林场岗位设置调研，形成《关于国有林场岗位设置管理的指导意见》（送审稿）；会同全国农林水利工会开展国有林场职工生活困难情况调研，向党中央、国务院呈报了《关于国有林场职工生活困难情况的调研报告》，并根据国务院副总理的指示，呈报了《关于国有林场困难情况的报告》，国务院副总理做出重要批示："近期将由国务院办公厅召集有关部门研究相关支持政策"。

二、国有林场改革试点取得实质性进展

（一）浙江省扎实推进国有林场改革试点工作

2013年，浙江省省委、省政府多措并举，扎实推进国有林场改革试点工作。省政府召开了全省国有林场改革试点重点工作的电视电话会议，要求国

有林场改革要按照“三定二建”、“三增二减”、“一顺一保”进行，即定性定编定经费，建立职工社会保障体系和现代国有林场发展体制机制；资源明显增加，林场明显增效、职工收入明显增加，负担明显减轻，债务明显减少；理顺国有林场管理体制，确保林区和谐稳定。同时，省人民政府办公厅印发《关于加快推进国有林场改革试点工作的意见》（浙政办函〔2013〕91 号），部署国有林场改革试点工作，要求进一步明确国有林场功能定位，理顺管理体制，创新经营机制；完善政策体系，着力提高社会保障水平，加强基础设施建设，改善生产生活条件，建立符合社会主义市场经济体制和现代林业发展要求的国有林场管理体制和经营机制，增强可持续发展能力。此外，设立了浙江省国有林场和森林公园保护总站，并定性为全额拨款事业单位，核定人员编制，加强国有林场和森林公园工作的建设和管理。

（二）江西省部署国有林场改革工作重点

江西省按照“省级政府对国有林场改革负总责”的原则要求，成立由林业厅、发改委、财政厅、人社厅、编办等相关部门组成的改革试点工作领导小组和推进小组，高位推进国有林场改革。2013 年 9 月，江西省政府召开国有林场改革工作电视电话会议，江西省林业厅传达了全国国有林场改革试点工作精神，通报了全省国有林场改革进展情况。省政府强调国有林场改革的重要意义，并部署了推进江西省国有林场改革的工作重点：一是把握好改革的方向，关键是要界定好国有林场的性质，要将大多数国有林场界定为公益性，不能随便商品化；二是把握好改革的重点，关键是要做好人员分流安置，解决好他们的后顾之忧；三是把握好改革的节奏，要扎实做好基础工作，确保改革的质量，进度服从质量，改革的力度要服从长远的目标效果。

（三）甘肃省多措保障国有林场改革试点工作

2013 年 11 月，甘肃省发改委和林业厅组织召开了国有林场改革试点工作座谈会。省发改委和庆阳市政府办公室、发改委、编办、财政局、人社局、林业局等部门参加会议。省发改委对国有林场改革试点工作强调指出：一是在财政投入方面，要按照政府购买生态公共服务、提供项目建设投入和必要经费支持的思路，纳入各级财政全额预算管理；二是在社会保障方面，国有林场职工全部纳入基本养老、医疗等社会保障体系，做到应保尽保；三是在机构编制方面，要按照《甘肃省机构编制管理办法》相关规定，主动汇报衔接，向省编办专项报批。

（四）河北省全面落实国有林场改革试点工作

2013年12月，国家林业局与国家发改委批复《河北省国有林场改革试点方案》后，河北省政府召集河北省国有林场改革协调小组召开国有林场改革试点启动会议，对国有林场改革试点工作进行了安排部署，与试点单位签订责任书。同时，河北省林业厅要求承德市重点落实和推进国有林场领导体制改革，丰宁满族自治县国营林场总场和隆化县国营林场管理局实行市县共管，提升管理级别；强化林场公益性质，全部界定为生态公益型林场；合理核定人员编制，经费列入财政预算；积极与省人社厅协调和落实林场职工养老、医疗保险等社会保障问题，切实维护好职工的利益。

（五）山东省国有林场改革试点取得新突破

2013年，山东省国有林场改革试点工作取得新突破，紧紧抓住国有林场改革试点的契机，从泰安、临沂两个改革试点市入手，宣传发动，制定方案，重点督查，强力推进国有林场改革发展工作。截至2013年年底，泰安、临沂两市42个国有林场全部按公益事业单位核定编制，职工工资全额纳入地方财政预算，职工按事业单位标准加入社会基本保险。在国有林场改革试点工作的推动下，全省有70处国有林场成为全额拨款事业单位，占林场总数的45.4%，国有林场职工全部加入基本养老保险，全省各级财政对国有林场事业费的投入达22781万元。

（六）湖南省高位推动国有林场改革试点工作

2013年8月，湖南省省委、省政府牵头，成立了由林业厅、发改委、财政厅等相关厅局为成员单位的国有林场改革领导小组，安排部署国有林场改革工作。同时，确定了66个有改革经验和基础并得到同级政府支持的国有林场，创建“改革示范国有林场”，培育典型、示范带动国有林场改革。12月，湖南省林业厅召集人教处、计财处、造林处、资源林政处、法规处、林改处、产业办、国有林场管理局，全省14个市州林业局和部分重点国有林场主要负责人共同探讨国有林场改革试点工作。通报了国有林场机构摸底情况和改革试点监测国有林场名单，并对《湖南省人民政府关于深化国有林场改革的意见》（征求意见稿）开展了深入讨论，针对国有林场属性与功能定位、定编标准与方法、富余人员安置、经营性债务化解、剥离社会职能等诸多问题提出了许多建设性的意见和建议，积极推动国有林场改革试点工作。

（七）安徽省稳步推动国有林场改革试点工作

2013 年 8 月，国家林业局和国家发改委正式批复安徽省人民政府，同意《安徽省国有林场改革试点实施方案》。按照批复要求，安徽省林业厅会同省发改委起草了《安徽省人民政府关于推进国有林场改革试点工作的指导意见》（代拟稿），并向省直有关部门发出征求意见函。同时，为进一步了解全省国有林场改革的新情况、新问题，研究完善财政支持政策，省财政厅和林业厅联合下发了《关于开展国有林场改革调研的通知》，各地财政和林业部门高度重视，积极行动，按时上报了调研报告。

三、全国面上国有林场改革稳中前进

（一）国有林场改革共识逐步统一

2013 年，为了更好地凝聚国有林场改革的共识，深化改革的顶层设计，国家林业局两次向国务院正式汇报；两次与发改委及有关部门沟通联合向国务院上报材料；召开三次由国家八部委组成的国有林场改革工作小组会议；两次会同国家发改委等有关部委到改革试点省进行调研督导；联合人社部、银监会等有关部委就金融债务化解问题进行四次专题调研；结合国有林场四个片区的年会召开六次专题研究会等。通过一系列的举措来统一思想、深化认识，对国有林场改革中生态公益的主导方向逐步统一，并形成了基本的改革思路。

1. 科学确定国有林场性质

根据国有林场生态区位、主导功能等因素，科学确定国有林场性质。将国有林场主要功能明确定位于保护培育森林资源、维护国家生态安全。原为事业单位的国有林场，其公益林比重较高、生态区位重要、生态系统脆弱等地区的国有林场界定为生态公益型林场，按公益一类或者公益二类事业单位管理；将主要从事其他产业经营，发挥经济效益的国有林场界定为商品经营型林场，实行企业化管理。

2. 理顺生态公益型林场管理体制

按照林场区位重要性、规模大小、区域经济社会综合影响力等因素，在稳定现行管理体制的基础上，优化国有林场管理层级。科学核定生态公益型林场事业编制，主要用于聘用管理人员、专业技术人员和林业骨干技能人员，人员经费和机构经费纳入同级人民政府财政预算，确保财政供给。国有林场经费实行“收支两条线”管理，经营性收入上缴财政，同级财政按比例返还林场用于扩大再生产，改善生产生活条件。加快分离林场办社会职能，国有林场承办的学校、医院等社会职能实行属地管理。根据当地实际情况，逐步理顺林场与代管乡镇、村的关系。

3. 创新生态公益型林场经营机制

实行以聘用制度和岗位管理制度为主要内容的事业单位人事管理制度。实行以岗位绩效工资为基础的收入分配制度，健全与岗位职责、工作业绩、实际贡献紧密联系的分配激励机制。森林的日常管护、抚育等，主要引入市场机制，通过政府购买服务，面向社会招标确定承担主体。过渡期间森林的日常管护、抚育等采取定向购买林场职工服务的方式，逐步实现社会购买服务。

4. 创新森林资源监管体制

按照林地性质、生态区位、面积大小、监管事项、对社会全局利益影响的程度等因素由中央、省、市林业部门分级监管。国有林场新发林权证统一由省级人民政府发放。建立制度化的监测考核机制，加强国家和地方国有林场森林资源监测体系建设，建立健全国有林场森林资源管理档案，定期向社会公布国有林场森林资源状况，接受社会监督。

5. 多渠道安置国有林场富余职工

按照“内部消化为主，多渠道解决就业”和“以人为本、确保稳定”的原则妥善安置国有林场富余职工，不搞强制性买断，不搞一次性下岗分流。主要通过以下途径进行安置：一是采取定向购买服务的方式安排国有林场职工在过渡期内从事森林管护；二是符合政策的提前退休；三是由林场提供森林经营等工作岗位逐步过渡到退休。

6. 科学调整国有林场布局

按照精简机构设置和实行规模经营的要求，根据隶属关系，对同一行政区域内国有林场经营规模过小、分布零散的，采取就近合并的办法进行整合，组建大型林场。对面积较大且集中连片的国有宜林荒山荒地，继续通过设立国有林场的方式进行集中治理。支持国有林场与集体和林农开展多种形式的

合作造林，做大国有森林资源规模，加强生态治理。积极探索政府直接收购各种社会主体营造的非国有公益林交由国有林场管理，提高国有森林资源比重。位于生态环境极为脆弱、不适宜人居的场部，逐步就近搬迁到小城镇，提高与城镇发展的融合度。

（二）部分地区自主启动国有林场全面改革

1. 山西省

2013 年，山西省按照国家林业局“1 + 3”的改革目标，结合山西省林业的实际，抓住关键，突出重点，保资源、强管理、惠民生、增活力。

（1）首先推进省直林区改革。主要措施是逐步加大省财政转制补贴投入，由 2005 年的每年 2330 万元，增加到 2013 年的 1.8 亿元。逐步扩大公益林补偿范围，省级公益林补偿资金由 2009 年的 8332 万元增加到 2013 年的 9159 万元。加上国家天保工程和国家级公益林补偿资金投入，省直林区财政保障水平相当于全额预算事业单位的 70% 左右。2013 年省发改委从煤炭可持续发展基金中安排 3400 万元用于新接收煤炭矿柱林场场部和管护站建设。

（2）努力加大市县林场改革力度。紧紧抓住国家天保二期工程启动和国家《国有林场管理办法》出台的机遇，积极推进市县林场改革，把国有林场改革纳入政府考核范围。继 2011、2012 年运城市、晋中市将国有林场纳入本级财政全额预算事业管理外，2013 年，临汾市政府办公室也发出文件，将全市 16 个国有林场人员经费纳入县级财政全额预算管理。全省市县属 120 个林场当中，有 41 个林场已纳入同级财政全额预算，有 60 个林场纳入差额预算，有 19 个林场为自收自支。

2. 吉林省

2013 年，吉林省成立了由林业厅厅长为组长，林业厅分管副厅长和总工程师为副组长，相关处室主要负责人为成员的国有林场改革领导小组，在深入调研、摸清底数的基础上，紧紧围绕国家林业局场圃总站提出的“明确功能定位，理顺管理体制，创新经营机制，完善政策体系，解决历史遗留问题”的基本改革思路，充分借鉴国家试点省份改革经验，结合吉林省地方国有林场实际，草拟出台了《吉林省地方国有林场改革试点指导方案》。方案阐述了吉林省地方国有林场基本情况、巨大历史贡献、存在问题及其所承担的生态文明建设的重大历史责任，明确了国有林场改革的指导思想、基本原则、工作目标、改革范围、主要任务、工作步骤和保障措施。

3. 福建省

2013年，福建省修改完善了《福建省国有林场改革方案》，并向国家林业局、省政府汇报工作进展，同时与省财政、发改委、编办等部门协调改革相关工作。在此基础上，向省政府报送《福建省国有林场改革方案》，省政府正式发函报国家发改委和国家林业局审议。

4. 广东省

广东省国有林场全面贯彻落实省委、省政府《关于印发<广东省事业单位分类改革的意见>的通知》，深化国有林场改革发展，全省21个地级市中有深圳、珠海、东莞、中山、惠州、广州、佛山、河源、肇庆、清远等10个市已对市级国有林场进行了改革，国有林场界定为生态公益型林场，国有林场部分职工和工作经费已经纳入地方财政预算，如东莞、中山、佛山、河源等市将林场核定为公益一类事业单位；惠州、广州将林场核定为公益二类事业单位。

5. 海南省

2013年，海南省林业厅为认真贯彻落实海南省委、省政府关于“继续深化国有林区林场改革”和“加快推进并完成国有林场改革”的部署，首先争取省财政安排800万元林场改革资金，起草了《海南省国有林场改革方案》，报省政府审议；同时积极向省委、省政府上报《中共海南省委海南省人民政府关于加快推进国有林场改革的意见》，印发了《海南省林业厅国有林场改革实施方案》，在抓好霸王岭林业局、上埇林场两个改革试点的基础上，全面推进全省国有林场改革。霸王岭林业局、上埇林场作为海南省国有林场改革试点，按照《海南省林业厅国有林场改革实施方案》确定的“完成6大改革任务，解决8大历史遗留问题”的改革思路，加强领导，全力推进改革试点，基本完成了规定的改革任务，初步实现了“生态得保护、林场得发展、职工得实惠”的改革目标。

6. 重庆市

2013年4月，重庆市成立国有林场改革领导小组，在大量调研和广泛征求基层林场意见的基础上，起草了《重庆市国有林场改革方案》，并于7月在黔江区国有林场召开了由部分区县国有林场场长参加的改革方案修改座谈会，进行了认真讨论，提出了很多建设性的修改意见和建议；同时，为学习借鉴兄弟省市国有林场改革的经验和做法，由市林业局带队，邀请市政府办公厅、

市编办、市发改委、市财政、市人社局等单位相关处室，赴江西省和甘肃省庆阳市开展了国有林场改革调研，并形成调研报告上报市政府。

7. 贵州省

2013年，贵州省国有林场以“将生态公益型林场纳入当地财政全额拨款预算管理事业单位”的财政管理体制改革为重点和突破口，不断推进国有林场改革，全省100个国有林场已有66个纳入了地方财政全额拨款。贵州省林业厅全面、系统地推进国有林场改革，组织召开“《贵州省国有林场改革方案》编制工作座谈会”，认真研讨国有林场改革的目标、任务、成本及资金筹措等内容，为组织编制《方案》理清了思路、充实了内容，省发改委经省人民政府批准，报国家林业局和国家发改委审议。

此外，贵州省毕节市委、市政府出台了《关于进一步加快国有林场改革发展的意见》，明确了推进国有林场改革的总体思路和奋斗目标，提出六个方面的改革内容：(1) 继续推行分类经营管理；(2) 深化内部管理制度改革；(3) 加强林场基础设施建设；(4) 大力发展特色林业产业；(5) 创新国有林场发展机制；(6) 加强干部职工队伍建设。同时，对改革步骤及时限作出具体安排和部署，并为切实贯彻实施，制定了加强组织领导、依法规范操作的保障措施。

8. 青海省

2013年，青海省积极推进国有林场改革，林业厅会同发改委编制《青海省国有林场改革实施方案》并上报国家发改委和国家林业局，组织各林场管理人员在西北农林科技大学举办国有林场改革和发展高级研修班，邀请国家林业局场圃总站相关领导进行“国有林场改革政策解读”，并由多位专家讲解国有林场改革相关知识。随后委托国家林业局西北规划设计院开展青海省国有林场基础数据调查并编制国有林场基础设施建设省级方案，为青海省下一步国有林场改革工作打好基础。

9. 新疆维吾尔自治区

2013年，新疆维吾尔自治区认真贯彻落实自治区党委、人民政府关于国有林场体制改革的决策部署，提高认识，明确目标，全面推进国有林场改革，已有83个国有林场（站）已经纳入全额事业单位。新疆维吾尔自治区人民政府发文《关于上报新疆国有林场改革实施方案的请示》，上报国家发改委和国家林业局审议。

第三章 森林资源保护与经营

国有林场是采取国家投资的方式建立起来的专门从事营造林和森林管护的林业事业单位。国有林场森林面积和蓄积量稳步增长，森林资源培育保护不断加强，森林经营方案不断完善，森林可持续经营措施不断提高，已成为我国生态文明建设的主力军，其生态功能、社会效益和经济效益日臻突显。

一、森林资源保护

（一）森林资源基本情况

截至2013年年底，全国国有林场森林经营面积0.76亿公顷，其中林业用地面积0.58亿公顷，森林面积0.45亿公顷，森林蓄积量23.4亿立方米，分别约占全国林业用地面积、森林面积和森林蓄积量的19%、23%和17%；宜林地面积0.05亿公顷。国有林场中幼林面积0.14亿公顷，占森林面积的30.8%。

截至2013年年底，全国国有林场公益林面积0.41亿公顷，其中国家重点公益林0.27亿公顷，占林业用地面积的47%，地方公益林面积0.14亿公顷，占林业用地面积的24%；商品林面积0.07亿公顷，占林业用地面积的12%。林业用地面积中公益林与商品林面积合计0.48亿公顷，占林业用地面积的83%，见图3-1。

（二）森林资源保护管理措施

1. 国家林业局发文加强国有林场森林资源管理

国有林场是我国生态修复和建设的重要力量，是维护国家生态安全最重

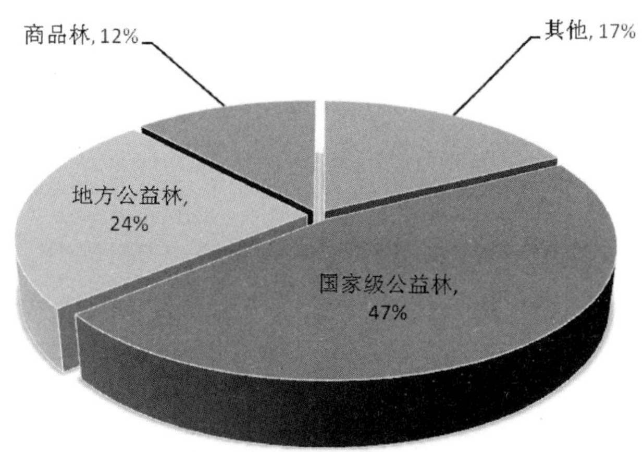

图 3-1　国有林场林业用地面积中不同用途林基本情况

要的基础设施。管理好国有林场森林资源、确保国有林场森林资源稳定增长是国有林场改革发展的主要目标之一。按照国务院统一部署，国有林场改革试点正在部分省份展开，为切实加强国有林场森林资源管理，国家林业局印发《关于加强国有林场森林资源管理保障国有林场改革顺利进行的意见》（林场发〔2012〕264 号），保障国有林场改革顺利进行，（以下简称：《意见》）。

《意见》指出：①建立国家所有、省级管理、林场保护与经营的国有林场森林资源管理体制；②从严管理国有林场林地；③加强林木采伐管理；④严禁国有林场森林资源流转；⑤切实做好国有林场林权证的核发工作；⑥建立健全国有林场森林资源动态监测体系；⑦切实强化对国有林场森林资源的监管；⑧加强对国有林场森林资源管理的组织领导。

2. 国家林业局调研森林资源管理

2013 年，国家林业局组织 3 个调研督导组，对国有林场森林资源管理情况进行了专题调研，督促各地切实保护好国有森林资源，防止出现乱砍滥伐、破坏森林资源的现象。

3. 辽宁省加强国有林场森林资源管理措施

2013 年，辽宁省林业厅落实全省国有森林资源“国家所有、省级管理、林场保护与经营”的管理体制，起草了贯彻《国家林业局关于加强国有林场森林资源管理保障国有林场改革顺利进行的意见》的实施意见（征求意见稿）。其中强调：①确立国有林场森林资源管理体制；②完善国有林场森林资源档案；③依法编制国有林场森林经营方案。

4. 河南省国有林场森林资源保护和管理不断提升

2013年，河南省林业厅下发《河南省林业厅关于加强国有林场森林资源保护和管理的通知》（豫林场〔2013〕62号），一是在未启动改革或改革期间，各级林业主管部门一律停止国有林场森林资源流转审批事项，不得以筹集改革资金为借口将国有林场森林资源对外作价入股、合资合作、租赁、抵押、担保和转让，确需流转的必须先进行资产评估，经省林业行政主管部门审核同意后报省政府批准；二是国有林场要根据林业长远规划、林地保护利用规划和分类经营总体要求，科学编制和严格实施国有林场森林经营方案；三是强化国有林场森林资源动态监测体系及监管，掌握森林资源发展变化情况，为国有林场森林资源管理和改革奠定基础。

二、森林资源经营管理

（一）国有林场森林经营方案编制与实施

1. 森林经营方案编制

2013年，国家林业局启动了国有林场森林经营方案编制和实施工作。为推动科学编制和严格实施森林经营方案，实现国有林场科学经营森林、提高森林质量、森林可持续发展，国家林业局在2012年下发了《国家林业局关于国有林场森林经营方案编制和实施工作的指导意见》（林场发〔2012〕184号），指导和规范国有林场森林经营方案的编制工作（专栏1）。

专栏1

国家林业局关于国有林场森林经营方案编制和实施工作的指导意见

林场发〔2012〕184号

各省、自治区、直辖市林业厅（局）：

为促进国有林场森林可持续经营，充分发挥国有林场示范带动作用，

根据《中华人民共和国森林法》和《国有林场管理办法》，现就国有林场森林经营方案编制和实施工作提出如下意见。

一、充分认识国有林场森林经营方案编制和实施的重要意义

（一）科学编制和严格实施森林经营方案，是规范国有林场森林资源培育和经营的根本措施。国有林场是国家设立的保护管理和培育经营国有森林的林业事业单位，森林经营是国有林场的中心任务。科学编制和严格实施森林经营方案，是国有林场科学经营森林、提高森林质量、实现森林可持续发展的重要手段，是国有林场制定年度生产计划、组织经营活动的重要依据。只有通过科学编制和严格实施森林经营方案，才能改变当前森林经营管理粗放的现状，实现国有林场森林经营的科学化和规范化。

（二）科学编制和严格实施森林经营方案，是国有林场服务林业“双增”目标的重要手段。当前我国国有林场森林资源质量虽高于全国平均水平，但距世界平均水平还有很大差距。国有林场增加森林蓄积的潜力十分巨大，通过科学编制和严格实施森林经营方案，加强森林的科学经营，能够进一步促进国有林场经营管理水平提高。只有森林资源越采越多、越用越好，才能为实现林业“双增”、促进绿色增长作出应有的贡献。

（三）科学编制和严格实施森林经营方案，是实现国有林场由以木材生产为主向以生态建设为主转变的具体措施。目前，我国已全面调整林业发展战略，林业正在由以木材生产为主向以生态建设为主转变。国有林场过去的森林经营方案还基本停留在以木材生产为主的体系中，已经不能适应新时期加快转变林业发展方式的需要，因此必须编制符合现代林业建设要求的国有林场森林经营方案，从根本上实现国有林场从以木材生产为主向以生态建设为主转变，从企业化管理向公益事业化管理转变，确保实现我国林业发展方式的根本性转变。

二、国有林场森林经营方案编制的指导思想、基本原则和总体目标

（四）指导思想：以全面落实科学发展观为指导，以森林可持续经营理论为依据，以培育健康、高效和长期稳定的生态安全屏障为目标，通过分类经营、科学培育和持续利用森林资源，提高森林资源质量，增强林地生产力和森林生态系统的整体功能，为实现国有林场森林资源的可持续发展奠定坚实的基础。

（五）基本原则：坚持生态建设和社会经济发展相协调，坚持所有者、管理者和经营者责权利相统一，坚持生产区与生活区科学布局，坚持保护、发展与利用森林资源相并重，坚持生态效益、经济效益和社会效益相结合的原则。

（六）总体目标：到2013年，全面完成国有林场森林经营方案编制及修订工作。到2015年，基本实现按森林经营方案编制采伐限额、制定年度生产计划和开展森林经营活动，国有林场主管部门依据经营方案对国有林场进行监督和管理，建立起以森林经营方案为核心的国有林场森林经营管理制度。

三、国有林场森林经营方案编制重点内容和要求

（七）全面规范国有林场森林经营方案的编制。国有林场要以经营范围为总体，严格按照《森林经营方案编制与实施纲要》、《森林经营方案编制与实施规范》、《简明森林经营方案编制技术规程》的要求编制经营方案，经理期一般5—10年。编制国有林场经营方案时，应评价森林资源与经营状况，确定森林经营方针与经营目标，进行森林功能区划，制定森林保护经营、非木质资源经营、森林经营基础设施建设与维护等事项的措施。要科学测算投资与效益，评估森林经营的生态与社会影响，明确方案实施的保障措施等。国有林场森林经营方案的各项经营措施、建设任务等都应落实到山头地块，其中前3—5年的森林经营任务和指标应按经营类型落实到年度；要科学调整树种结构，促进纯林向多层异龄混交林转变；要结合当地实际，大力发展森林旅游，积极培育大径级材和珍稀树种，加快发展林下经济。同时，要对国有林场经营管护的草原、农田、湿地等作出科学的保护利用方案。要做好国有林场内建立的自然保护区、森林公园、湿地公园等的统筹衔接工作。

（八）采用科学的编制方法和技术手段。设有国有林场管理局（总场）的可以局（总场）为单位编制森林经营方案。要在对前期经营方案执行情况分析评价的基础上，借鉴成功案例，应用运筹学、经济学、生态学、森林经理学、森林培育学、计算机技术、信息技术等软科学方法和技术手段进行系统分析、决策优化、综合评价和规划设计，以提高森林经营方案的科学性、先进性和可行性；经营面积小于500公顷的国有林场

以及合作造林的股份制林场，可在当地森林经营规划指导下，编制简明森林经营方案。要开展优秀森林经营方案评选活动，对优秀森林经营方案的国有林场进行宣传和鼓励。

（九）国有林场森林经营方案编制要与森林采伐管理政策相衔接。国有林场森林经营方案编制必须遵循森林抚育经营相关技术规程、采伐技术规程等技术标准，科学测算经营期内森林抚育间伐、低产低效林改造、公益林更新和商品林采伐等所需森林采伐限额，认真贯彻《国家林业局关于开展森林资源可持续经营管理试点的通知》（林资发〔2011〕248号）中改革森林采伐管理精神。今后逐步做到国有林场年森林采伐限额原则上依据批准的森林经营方案确定。

（十）加强国有林场森林经营方案编制和审批程序管理。承担国有林场森林经营方案具体编制工作的单位，应具有乙级以上林业调查规划设计资质；国有林场森林经营方案编制的主要程序应包括编案准备、系统评价、经营决策、公众参与、规划设计、评审修改等。各级林业主管部门要依据《国有林场管理办法》做好国有林场森林经营方案的审核审批工作。跨地（市）国有林场、省属国有林场和省级以上公益林占有林地面积50%以上的国有林场森林经营方案，由省级林业主管部门审批，报国家林业局备案；其他国有林场森林经营方案的审批由省级林业主管部门确定。国家林业局将选定10个示范国有林场，其森林经营方案报国家林业局审批。

四、完善国有林场森林经营方案编制和实施的保障措施

（十一）加强组织领导。各地林业主管部门要将国有林场森林经营方案编制和实施作为国有林场建设的重要内容，实行主要领导负责制，做到认识到位、领导到位、措施到位、资金到位；省级林业主管部门要建立健全组织，明确任务、落实责任，对国有林场森林经营方案编制和实施中出现的问题要及时研究、采取有效的解决办法和措施。

（十二）落实人员和资金。省级林业主管部门要加强对森林经营方案编制人员的培训力度，提高编制人员的素质和水平；要积极开展国有林场森林经营方案编制的试点工作，为各类国有林场编制森林经营方案提供示范和借鉴。各地要多方筹措资金，加大投入力度，为森林经营方案编制工作提供经费保障。

（十三）强化技术支撑。各地要以森林资源规划设计调查及各类专项调查成果为基础，利用网络、遥感、地理信息、人工智能等高新技术手段建立健全森林经营管理信息系统，加强技术支撑手段。要邀请经验丰富、技术力量强的单位参与方案编制，强化科技支撑力量。

（十四）确立森林经营方案的重要地位。各省在编制各项与森林经营有关的规划、工程项目和投资计划时，应充分考虑森林经营方案设计的森林经营目标和主要规划内容，将森林经营方案的编制和实施与相关工程建设投资紧密结合，逐步确立森林经营方案重要地位，理顺森林经营的利益分配关系，促进森林经营方案编制和实施法制化、规范化和科学化。

（十五）加强监督检查。各级林业主管部门应切实加强国有林场森林经营方案编制与实施的管理，定期对森林经营方案实施情况进行监督检查，要与国有林场签订国有林场森林资源保护利用目标考核责任书，将国有林场森林经营方案实施情况作为国有林场绩效考核的重要内容。

（十六）国有林场森林经营方案编制要与国有林场改革相结合。国有林场的森林经营方针、经营目标和经营任务要与国有林场改革的方向相一致；经重组的国有林场，其森林经营方案要同时衔接；要通过国有林场改革，促进森林经营方案的有效实施，确保森林资源实现可持续发展。国有林场改革试点省，要将国有林场管理体制改革与森林经营方案编制工作同步推进，探索出科学机制，为全国提供示范。

国家林业局

2012年7月24日

2013年，国家林业局场圃总站指导辽宁省实验林场和湖南省靖州苗族侗族自治县排牙山国有林场两个不同类型的国有林场编制示范性森林经营方案，供全国国有林场森林经营方案编制时参考借鉴。宁夏回族自治区林业局制定了《宁夏回族自治区国有林场森林经营方案编制与实施技术规则（2013～2020年）》，对编案进度进行检查督促和技术指导。截至2013年年底，全国已完成森林经营方案编制工作的林场有2249个，正在编制的林场1297个。本次国有林场森林经营方案的编制工作，充分体现国有林场森林经营理念从木材生产为主向生态建设为主的转变，从企业化管理向公益事业化管理转变，兼顾了森林资源的保护管理和培育，以及生态旅游等产业发展的需求。

辽宁省拟通过森林经营方案的编制，建立以森林经营方案为核心的国有林场森林经营管理制度，强化对国有林场森林资源的监管。安徽省以编制森林经营方案为抓手，加强森林资源培育保护工程，2013 年全省国有林场森林抚育任务为 75 万亩，涉及 131 个国有林场。海南省等地通过森林经营方案的编制，兼顾森林旅游开发建设、林场产业发展及林区社会发展的需求，促进了国有林场产业发展和经济建设。

2. 森林经营方案实施示范林场建设

2013 年，为了加强国有林场森林经营方案编制和实施工作，国家林业局场圃总站制定出台了《森林经营方案实施示范林场建设方案》（专栏 2），规范了森林经营方案实施示范林场建设过程，明确了建设目标、条件、任务、步骤和保障措施。同时，出台《森林经营方案实施示范林场管理办法（试行）》、《区域国有林场森林经营指南》，加快推进示范林场建设。2013 年 12 月，经过各省推荐、专家评审，评选公布了山东省泰安市泰山林场等 15 个国家林业局首批森林经营方案实施示范林场名单（办场字〔2013〕163 号），详见表 3-1。

表 3-1　首批森林经营方案实施示范林场名单

序号	所属省份	林场名称	批复文号
1	山东省	山东省泰安市泰山林场	场办字〔2013〕163 号
2	湖南省	湖南省攸县黄丰桥国有林场	场办字〔2013〕163 号
3	广东省	广东省连山林场	场办字〔2013〕163 号
4	广西壮族自治区	广西壮族自治区国有派阳山林场	场办字〔2013〕163 号
5	海南省	海南省岛东林场	场办字〔2013〕163 号
6	四川省	四川省古蔺县笋子山林场	场办字〔2013〕163 号
7	甘肃省	甘肃省小陇山林业实验局百花林场	场办字〔2013〕163 号
8	河北省	河北省木兰围场国有林场管理局	场办字〔2013〕163 号
9	山西省	山西省中条山国有林管理局中村林场	场办字〔2013〕163 号
10	内蒙古自治区	内蒙古自治区喀喇沁旗旺业甸实验林场	场办字〔2013〕163 号
11	黑龙江省	黑龙江省宾县万人欢林场	场办字〔2013〕163 号
12	浙江省	浙江省建德市建德林场	场办字〔2013〕163 号
13	福建省	福建省漳平五一国有林场	场办字〔2013〕163 号
14	江西省	江西省景德镇市枫树山林场	场办字〔2013〕163 号
15	新疆维吾尔自治区	新疆维吾尔自治区阿尔泰山国有林管理局福海分局	场办字〔2013〕163 号

此外，国家林业局场圃总站对下一步示范林场建设工作提出了三点具体要求：①抓紧修改完善森林经营方案并报国家林业局备案，确保森林经营理念先进、思路科学、措施有力、经营高效。②切实落实工作责任和保障措施，省级林业主管部门要与示范林场签订《责任书》，并依据《责任书》和森林经营方案，千方百计落实年度森林采伐限额、森林抚育、基础设施建设及造林等保障资金；③及时总结和推广成功经验，省级林业主管部门和示范林场都要确定一名业务精通、责任心强的同志，具体负责报送示范林场建设工作动态和总结材料。

专栏2

森林经营方案实施示范林场建设方案

一、建设目的

科学编制和严格实施森林经营方案，是国有林场科学经营森林、提高森林质量、实现森林可持续发展的重要手段。为了加强国有林场森林经营方案编制和实施工作，国家林业局下发了《国家林业局关于国有林场森林经营方案编制和实施工作的指导意见》（林场发〔2012〕184号，以下称《指导意见》）。为了深入贯彻落实《指导意见》，发挥典型的示范引领作用，带动全国国有林场森林经营方案编制和实施工作整体水平的提高，国家林业局决定建设10个森林经营方案实施示范林场。

二、建设目标

努力建设10个森林经营方案实施水平高、辐射带动效果好的示范林场，探索形成适合不同地区、不同森林类型和培育目标的国有林场主要森林经营管理模式。建立健全长效推进国有林场森林经营方案编制和实施工作的制度和政策体系。带动推进国有林场森林经营方案编制和实施工作的法制化、规范化和科学化，显著提高森林经营水平，加快现代林场建设步伐，为发展现代林业、建设生态文明做出新的更大的贡献。

三、建设条件

示范林场的选择必须同时具备以下条件：

（一）森林资源区域代表性强。森林面积较大，一般在10万亩以上，且相对集中连片，经营的森林类型具有较强的区域代表性。

（二）森林经营基础好。有专管人员和稳定的技术队伍，有明确的科技支撑单位或专家。编制了科学合理、切实可行的森林经营方案。经营理念先进，创新能力强，初步探索出了所属类型森林的经营模式，具有典型示范意义和重要推广价值。

（三）政策措施保障有力。主管部门重视。机构健全，投入稳定，经营管理规范，基础设施较完备，林地权属清楚。

四、建设任务

（一）建立保护发展森林资源目标责任制。国家林业局、省级林业主管部门、示范林场逐级建立保护发展示范林场森林资源目标责任制，明确考核内容和指标，确保实现森林面积、蓄积量双增长。

（二）建立以森林经营方案为核心的国有林场森林经营管理制度。示范林场按森林经营方案编制采伐限额、制定年度生产计划和开展森林经营活动。省级林业主管部门建立由国有林场主管部门牵头，造林、资源、计财等相关部门配合，依据森林经营方案对示范林场进行管理和监督的有效机制。

（三）建立科学高效的森林经营示范体系。示范林场根据所经营森林的主导功能，明确森林经营方向和目标，制定科学的森林经营措施，研究总结推广所属类型森林的经营模式。

示范林场充分发挥联系科研与生产的纽带作用，为林业行业示范先进实用技术，带动提高森林经营水平。

五、建设步骤

（一）组织申报。省级林业主管部门可对照申报条件，结合本省实际申报1个国有林场，并上报申报材料。申报材料包括《森林经营方案实施示范林场申报表》、3000字左右的书面申请材料和森林经营方案文本。

（二）审核确定。国家林业局场圃总站成立推选工作小组，组织专家对各省上报材料进行严格的筛选和评审，并进行实地核验，研究确定示范林场名单。

（三）启动实施。省级林业主管部门组织示范林场修改完善森林经营方案，报国家林业局审批，并组织示范林场依据批准的森林经营方案开展各项森林经营活动。

（四）总结推广。省级林业主管部门要及时总结经验，供各地借鉴。

国家林业局适时总结示范林场建设的成功经验，在全国进行推广。

六、保障措施

（一）高度重视。国家林业局场圃总站牵头开展森林经营方案实施示范林场建设有关工作，局造林司、资源司、计财司等单位按照各自职责对示范林场进行指导和管理。省级林业主管部门要高度重视，协调指导，帮助解决示范林场建设中出现的问题。示范林场要成立主要领导负责的工作机构，明确专人负责。

（二）落实责任。国家林业局场圃总站、省级林业主管部门国有林场管理机构、示范林

场要逐级签订建设责任书，明确责任主体，层层建立和落实责任，确保示范林场建设工落

到实处。

（三）落实政策资金。各级林业主管部门要依据森林经营方案确定示范林场的年森林采伐限额及造林、抚育任务等，并将示范林场的基础设施建设问题放在优先位置给予考虑。

（四）加强管理。省级林业主管部门要定期进行督促检查，并于每年12月10日前向国家林业局场圃总站报送示范林场建设工作总结。国家林业局场圃总站将不定期组织有关专家对示范林场建设情况进行评估，对于成效显著的，及时进行宣传推广。

国家林业局场圃总站
2013年6月3日

（二）森林经营管理

森林资源经营是对资源进行区划、调查、分析、评价、决策、信息管理等一系列工作的总称，其宗旨是实现森林的可持续经营。森林经营项目有造林、采伐、抚育间伐、林分改造、更新采伐、封山育林、幼林抚育、大田育苗等。2013年，中央财政森林抚育补贴任务落实到国有林场面积1916.1万亩，涉及2696个国有林场，补贴资金20.4亿元。国有林场人均森林经营面积1290.7亩，年度造林总面积1129.4万亩；与集体和林农开展多种形式的合作造林，完成场外造林面积达235.9万亩；低产低效林改造283.36万亩。

全国部分省（自治区、直辖市）国有林场森林经营管理情况如下：

1. 北京市

北京市国有林场森林培育项目包括碳汇示范林抚育工程、彩色树种造林工程、林地改造工程、封山育林工程、低质林分改造工程、森林健康经营工程、森林可持续经营幼林抚育工程、近自然林业工程、京津风沙源治理工程、幼林抚育工程和特殊林木储备培育工程等。2013 年，北京市国有林场完成人工造林 1.33 万亩，中幼林抚育 23 万亩，封山育林 63 万亩。其中，直属国有林场森林经营项目 27 个，总资金 3857 万元，森林经营面积 12.8 万亩，包括中幼林抚育 11.5 万亩，森林健康经营 3130 亩，可持续经营 2778 亩，森林养护 3748 亩，林相改造等 2500 余亩。

2. 福建省

2013 年，福建省国有林场完成育苗 407 万株、容器育苗 579.7 万袋，占计划的 122%；完成当年栽植面积 8.1 万亩，占计划的 125%；完成大径材培育 2.85 万亩，占任务的 110.2%；完成珍贵用材树种培育 3.53 万亩，占任务的 152.2%；完成绿化苗木基地建设 1.32 万亩，占计划的 126%；中幼林抚育 69.02 万亩，占计划的 122%，其中幼林抚育 52.67 万亩，中林抚育 16.35 万亩；完成木材生产 68 万立方米，占年计划的 109%；完成木材销售 68 万立方米，占年计划的 107%。

3. 河南省

2013 年，河南省完成抚育试点合格面积 74.28 万亩，是国家下达计划任务的 105.1%。其中：抚育间伐 63.45 万亩（包括：定株抚育 27.97 万亩、生态疏伐 26.78 万亩、景观疏伐 0.44 万亩、透光伐 0.3 万亩、生长伐 1.8 万亩、卫生伐 6.17 万亩），占抚育试点合格面积的 85.4%，采伐蓄积 14.19 万立方米；割灌除草 10.83 万亩，占抚育试点合格面积的 14.6%。

4. 云南省

2013 年，云南省在芷村林场等 121 个国有林场实施森林抚育 83 万亩，在金殿等 9 个国有林场完成木材战略储备基地建设 2 万亩（其中：改培香樟 2000 亩、西南桦 7000 亩、秃杉 1000 亩、铁刀木 2000 亩、沉香 2000 亩、柚木 2000 亩、降香黄檀 1000 亩，新造秃杉 1000 亩、降香黄檀 2000 亩）。在耿马县天园国有林场等 4 个国有林场完成珍贵及特殊树种培育 6000 亩（新造铁力木1500亩、榉木1500亩、秃杉1500亩、降香黄檀1500亩)。

5. 陕西省

2013年，陕西省国有林场全年完成各项公益林建设任务144.9万亩，其中：人工造林64.7万亩，飞播造林30.7万亩，封山育林49.5万亩；完成场外造林面积15.33万亩；完成中幼林抚育129.8万亩，低产林改造38.9万亩，采伐迹地更新1.1万亩，森林经营质量不断提高。

6. 其他地区

2013年，河北省共完成造林38万亩；辽宁省全年完成造林41.56万亩，人工造林36.29万亩、更新造林4.35万亩、低产林改造0.88万亩，完成森林抚育37.13万亩，年采伐木材65.17万立方米；黑龙江省完成抚育补贴试点任务160.33万亩，其中幼龄林透光伐45.6万亩，中龄林生长伐（生态疏伐）114.73万亩；安徽省完成新建和改建绿化大苗基地1050亩，完成低产低效林分改造700亩，改造茶园530亩；广东省完成迹地更新造林29万亩，森林碳汇生态工程建设造林15.33万亩，完成中幼林抚育95.5万亩；西藏自治区完成迹地更新2200亩，造林18437亩，森林抚育2925亩，育苗406亩；山东省全年新造林7.89万亩，场外造林1.91万亩，森林抚育47.3万亩。湖南省完成营造林83.37万亩，其中：造林18.25万亩，幼林抚育54.45万亩，楠竹低改4.85万亩，优材更替2.27万亩，无节良材3.55万亩。

三、森林资源保护培育效益

（一）生态功能

1. 区域森林生态系统的骨干

国有林场是我国生态体系的骨干，在维护国家生态安全方面发挥着重要作用。我国国有林场大多分布在江河源头、水库周围、风沙前沿、黄土丘陵和石质山区，营造和保护了大面积的森林资源，与国家重点防护林工程融为一体，构筑了我国林业生态体系的骨架，在绿化国土、美化环境、涵养水源、保持水土、防风固沙、改善农牧业生产条件和人类生存环境、保障当地经济发展方面发挥了不可替代的作用。

2. 防风固沙的屏障

我国风沙起源地主要在西部和北部。通过对国有林场所属区域的统计显示，西部地区有国有林场1489个，东北西部地区吉林、辽宁、内蒙古等沙区国有林场131个，风沙区国有林场共有1620个，占整个国有林场总数的36%，这些林场成为防风固沙的重要生态屏障。

3. 生态公益林建设的前沿

国有林场处于生态建设前沿，有3900多个（占国有林场总数的87%）地处重要气候带、大江大河中上游、主要湖泊水库、各大风沙区、黄土高原等受极端气候、水土流失、风沙危害严重的生态脆弱地区，对维护区域生态安全和保护生物多样性发挥了不可替代的重要作用。被纳入中央森林生态效益补偿范围的国有林场有2465个，纳入天然林保护工程实施范围的有1310个，三北防护林工程的有1058个，“长防林”工程的有359个，沿海防护林工程的有165个。大型水库周围有223个国有林场，处于沙漠前沿的有503个国有林场。

4. 生物多样性维护的阵地

通过统计分析发现，在国有林场经营区建设的森林和野生动物类型的自然保护区达1300多个，约占全国同类保护区的60%。国有林场森林资源在恢复和重建森林生态系统，保护生物多样性和维护国土生态安全等方面具有重要地位和特殊价值，充分显示出国有林场是生物多样性保护的主战场。

5. 重要的水源涵养地

通过对国有林场所属区域的归纳统计显示，有1100多个国有林场以涵养水源的功能纳入到国家重要生态功能区。这些国有林场不仅是当地重要的水源涵养地，也是国家重要江河的源头。因此，国有林场已经成为我国重要的水源涵养地（专栏3）。

专栏3

贵州省将国有林场全部纳入生态保护红线区域

为贯彻落实《中共中央关于全面深化改革若干重大问题的决定》精

神，强化生态保护，坚守生态红线，近日，中共贵州省委印发《关于贯彻落实〈中共中央关于全面深化改革若干重大问题的决定〉的实施意见》（以下简称《实施意见》），从加快贵州科学发展、推动跨越、同步小康步伐着眼，提出了建立严格的生态保护红线制度、建立健全生态补偿机制和环境保护管理体制等重大举措，明确将国有林场所有森林划为生态公益林，并全部纳入生态保护红线区域。

截至2013年年底，贵州省共有92家国有林场，林业用地面积480多万亩，活立木蓄积2110多万立方米，集中在长江流域和珠江流域，许多林场分布在长江以及珠江一、二级支流沿岸一层山脊内和水库、湖泊周围，生态区位重要。此次《实施意见》将国有林场所有森林划为生态公益林并全部纳入生态保护红线区域，充分体现了贵州省委、省政府对生态文明建设的重视程度之高，对深化改革推进力度之大，对国有林场功能定位的把握科学准确，必将对提升贵州省国有林场资源保护成效发挥刚性保障作用，对加快推进贵州省生态文明建设、提高人民生态福祉产生深远影响。

（二）社会效益

1. 科普教育、科学研究的天然课堂

国有林场始终重视科研工作，并把它作为推动林业生产力发展的动力，坚持常抓不懈，成为我国林业科研、生产试验、教学实习、良种繁育和新技术推广的重要阵地。许多林业先进技术，特别是森林培育技术的研究和推广应用大多是从国有林场开始的。国有林场结合生产实践，在良种繁育、育苗、整地方法、造林密度、幼林抚育、人工林间伐、低产林改造、防火林带营造、树种引进等方面，进行了大量试验研究，摸索出了一批切合实际、适用性强的先进技术，以多种形式向社会推广，取得了较好的效益。如福建省国有林场长期与大学和科研院所进行合作，全省国有林场科学试验研究项目260多个，获得国家和部、省级成果奖、推广奖50多项。

2. 休闲游憩的优良场所

多年来，国有林场在其经营区内，不仅培育发展了大面积的森林资源，生产了数量可观的林木产品，而且还营造和保护了一大批风光秀丽、形态各异的森林景观和自然历史文化遗迹。截至2013年年底，依托国有林场建设的

自然保护区有1300多个、森林公园有2570个，湿地公园有240多个。同时，还有不少著名的国家风景名胜区和世界自然历史文化遗产，如黄山、张家界等，都坐落在国有林场的经营区内。这些地区都已成为人们重要的休闲游憩场所。目前，我国森林旅游业发展迅速，2013年森林旅游接待游客7.6亿人次，直接经济收入685亿元，为超过22万人提供了直接就业机会。其中，国有林场在我国森林旅游和市民休闲游憩的需求中发挥着巨大的作用。

3. 生态文明的重要载体

在生态文化体系建设中，国有林场发挥着重要作用。我国绝大多数森林公园、各级野生动植物保护类自然保护区和湿地公园都是在国有林场的基础上建设和发展起来的。此外，还有一些历史文化教育基地、科普基地和科技园区等生态文化载体，不断向社会、向人民群众普及生态意识，使人们在潜移默化中了解林业、认识和保护生态，使人们在休闲之余不断加深对林业、对大自然的认识。

（三）经济效益

1. 保障木材安全的战略储备基地

国有林场通过造林育林和保护管理，森林面积已达0.45亿公顷，森林蓄积量突破23亿立方米，分别占全国森林面积和蓄积的23%和17%，创建了一大批新的林业产业基地。许多国有林场不仅成为国家重要的商品材基地、木材储备基地，为调整木材生产布局，缓解木材供需矛盾，减少老林区的资源消耗，支援国民经济建设做出了重要贡献。2013年，我国加强对生态环境的保护，大部分国有林场都停止了对森林资源的商业性采伐，原木年生产能力1178万立方米，纤维板全年产量93.4万立方米，国有林场已经成为我国保障木材安全的战略储备基地。

2. 特优大径级材、优质种苗的生产基地

随着对大径级、珍贵木材产品市场需求的增长，大径级、珍贵树种用材资源已成为重要的战略资源，成为世界木材市场的竞争焦点之一。我国国有林场经过几十年建设，中龄林以上面积比重超过70%，蓄积量超过60%，加强国有林场森林资源定向选择和培育，必然进一步强化国有林场作为国家特优大径级材基地建设中的地位和功能。同时，国有林场凭借优质的森林资源和林业生产的优势，成为我国优质种质资源保护基地和林木良种基地。

3. 非木质林产品生产和提供生态服务的重要基地

国有林场是发展林下经济的天然优良场所，在国有林场经营区林下种植药材、蔬菜、蘑菇、木耳、花卉，养殖林蛙、蜜蜂、家禽、家畜及野生动物繁育，生产丰富的非木质林产品，成为我国林副产品生产基地、有机食品基地，极大地拓展了我国农业生产的空间；销售苗木收入 15. 5 亿元。同时，国有林场还为社会提供森林游憩、固碳释氧、涵养水源、净化大气等生态服务产品，直接为人们生产生活提供高质量的服务。

第四章 基础设施建设

2013 年，国家林业局颁布实施《国有林场基础设施建设标准》。在国家林业局场圃总站的积极争取下，国有林场房、路、水、电、视等基础设施建设不断完善，改造国有林场外部连接公路 1.2 万千米，解决了 2 万户国有林场职工的供电问题，解决了 8.2 万户国有林场职工的安全饮水问题。

一、国有林场基础设施现状

（一）房屋设施

国有林场房屋设施基本可分为场部办公用房、生产用房和职工生活用房。截至 2013 年年底，通过国家危旧房改造和国有林场基础设施建设，职工安居和林场生产生活设施不断改善。我国国有林场现有办公用房共 681.3 万平方米，其中危房 216.4 万平方米，占林场办公用房的 31.8%；生产用房共 679.2 万平方米，其中危房 276.9 万平方米，占生产用房的 40.8%；职工住宅用房共 2955.8 万平方米，其中危房 810.6 万平方米，占职工住宅生活用房的 27.4%，见图 4-1。

（二）道路

国有林场外部道路是林场与外界联系的纽带，林场内道路是生产生活必需的基础设施。截至 2013 年年底，我国国有林场内现有等级公路 5.6 万千米，平均 11.5 千米/林场；林区公路 15.4 万千米，平均 31.7 千米/林场；林道 27.7 万千米，平均 57 千米/林场，见图 4-2。

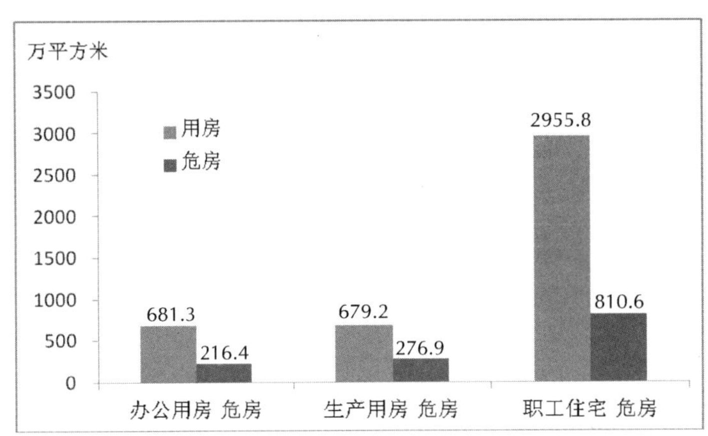

4-1　2013 年年底国有林场办公、生产生活用房和危房统计情况

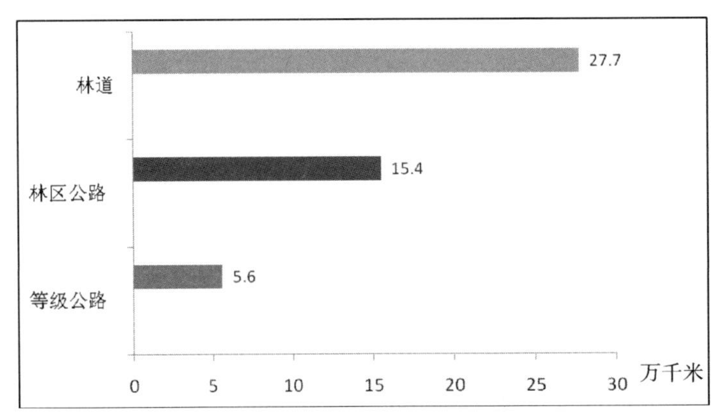

图 4-2　2013 年年底国有林场道路建设情况统计

（三）防火设施

森林防火是保护森林资源、保护生态环境、促进林业可持续发展的前提和保障，事关森林资源和人民生命财产安全，事关林区社会和谐稳定大事。截至 2013 年年底，我国国有林场有防火线 17.5 万千米，防火林带 11.9 万千米，防火瞭望塔（台）5795 个，对林区森林防火具有积极的作用。但是，全国国有林场还有未通电护林区（站）7738 个，无电话护林区（站）1.3 万个，这对森林火灾的预防与扑救均具有较大地影响。

二、基础设施建设情况

（一）国有林场基础设施建设标准出台

2013 年 4 月，国家林业局发布公告（林规发〔2013〕70 号），批准《国

有林场基础设施建设标准》（以下简称《标准》），并于2013年6月1日起实施。本标准共8章35条：包括总则、国有林场规模划分、基础设施项目构成、场部（址）基础设施主要建设内容及技术要求，生产配套基础设施与附属设施主要建设内容及技术要求，防灾减灾、环境保护、主要技术经济指标等。

《标准》明确，国有林场基础设施项目由房屋建筑、道路、给排水、供电、供热、通信、环境美化、生产设施设备、其他配套设施等工程构成，并将其按性质分为公共服务设施、生活服务设施和生产基础配套设施。同时要求国有林场基础设施建设项目应按生态公益型和商品经营型林场进行分类建设与管理。

（二）危旧房改造

国有林场危旧房改造是国有林场各项民生工程中最先取得突破和实质性进展的基础设施建设工程，与林场职工利益最为密切的“民生工程”、“惠民工程”。2013年，国家林业局场圃总站组织开展了国有林场危旧房改造互检工作，重点就2013年项目整体进展情况、资金到位及使用管理情况、国家政策落实情况、配套基础设施建设情况、住房管理情况等进行了督导，并就国有林场管护站点用房等重点问题进行了调研，最后在积极协调住建部、国家发改委将国有林场管护站用房纳入国有林场危旧房改造范围，取得了积极进展。另外，配合计财司召开了林业棚户区（危旧房）改造工作电视电话会，对国有林场下一步危旧房改造工作进行了全面部署；配合计财司下发了《关于做好2014年林业棚户区（危旧房）改造有关工作的通知》（规计函〔2013〕244号），对2014年林业棚户区（危旧房）改造工作进行了统筹安排。与此同时，在积极协调住建部、国家发改委将国有林场管护站用房纳入国有林场危旧房改造范围，取得了积极进展。

1. 危旧房改造现状

2011年，国家开始实施危旧房改造，规划改造55万户。截至2013年年底，累计完成45万户。2013年，国家林业局场圃总站配合计财司，实施国有林场危旧房改造10110户，下达中央预算内投资1.13亿元（含供热等配套基础设施建设资金）。通过积极争取，在国家下达的464.2亿元保障性安居工程配套基础设施中，落实国有林场危旧房改造配套基础设施投资31亿元，危旧房改造投资12.4亿元。

2. 危旧房改造成效

（1）改善林场民生。国有林场危旧房改造工程的实施，使国有林场职工安居、生产生活设施条件大幅度提高，工程的实施深受国有林场广大群众的衷心赞誉。

（2）促进林场改革。国有林场危旧房改造工程的实施，加快了林场生产力布局的调整，撤并和整合了一批林场，推进了生产区和生活区逐步分离，促进了林区社会职能的分离，为国有林场体制机制改革创造了有利条件。

（3）推进城镇化进程。各级林业部门在实施国有林场危旧房改造中，主动融入国家城镇化发展战略，形成了许多新的林业小区和小城镇，逐步解决了林区职工居住、供电、给排水、交通等一系列长期以来未能解决的难题，对增强城镇功能，提升职工生活水平产生了重要作用和深远的影响。

（三）国有林场道路建设

根据交通运输部“十二五”公路交通运输发展规划，纳入国有林场公路里程3.6万千米。截至2013年年底，国家已累计投资20.9亿元，建设国有林场道路7000千米。2013年，国家林业局场圃总站争取国家投资6.2亿元，改造国有林场外部连接公路1.2万千米。此外，配合局计财司编制了《国有林区防火应急道路建设工程规划》，国有林场20万千米林区道路纳入规划范围。其中：新建9.6万千米，改造10.4万千米。

（四）国有林场饮水安全工程建设

国有林场饮水安全是全国农村饮水安全问题的重要组成部分，是解决农村饮水安全问题的难点和短板。2012年，经国务院批准，国家发改委、水利部、卫生部、环境保护部联合下发的《全国农村饮水安全工程“十二五”规划》（发改农经〔2012〕2823号），明确将国有林场319.12万人口纳入规划范围。截至2013年年底，国家林业局已经争取国家投资5亿元，解决70万国有林场职工饮水安全问题。2013年，争取国家投资9360万元，解决了8.2万户国有林场职工的安全饮水问题。

（五）国有林场供电及广播电视

截至2013年年底，国有林场供电及广播电视工作取得重大进展，国家林业局已累计争取国家电网建设资金5.95亿元。2013年，争取国家投资1.85

亿元，解决了2万户国有林场职工的供电问题；国有林场已有80165户职工享受了中央广播电视补助政策，每户补助120元。

（六）开始编制《国有林场护林房建设规划》

管护用房是国有林场护林员在森林管护工作中居住的房屋。截至2013年年底，全国国有林场现有管护站点33914个，管护林地面积8.7亿亩，常驻护林人员160240人。管护站点房屋建筑面积3410648平方米，人均21平方米。2013年，针对国有林场护林房建设年代久，主体建筑破损严重；点多面广，建设布局不合理；地处偏僻，配套设施不健全等诸多问题，国家林业局场圃总站开始编制《国有林场护林房建设规划》。

三、部分地区基础设施建设

（一）山西省

2013年，山西省国有林场完成危旧房改造4880户，完成林区道路建设1007.6千米，解决饮水安全及饮水困难职工1533人，建设电路设施277.9千米。省直9个林区是山西省重要的森林资源战略储备基地，在省委、省政府的高度重视下，在省发改委、财政厅等部门的大力支持下，实施了19个林场场部建设和6个中心管护站及75个一线管护站建设。

（二）内蒙古自治区

2013年，内蒙古自治区国有林场危旧房改造计划投资2.18亿元，开工实施3056户。截至2013年年底，开工户数为2876户，开工率为94.1%；竣工户数为2177户，占计划的71.2%。此外，按照《国家林业局计财司关于报送国有林区（场）基础设施建设进展情况的通知》（计规函〔2013〕38号）要求，内蒙古自治区2013年下达国有林场饮水安全工程总投资68万元，其中中央预算内投资45万元，盟市财政配套23万元。建设林区道路859千米，建设电力设施318千米。

（三）上海市

2013年，上海市对佘山林场维修围墙721.4米，新增防火道路1051.6米，延长消防管线1215米，增加消防箱18只，并对山上的值班房、泵房等房屋设施进行了屋顶检漏、外墙粉饰油漆等，投入改造资金90余万元；另外，加强基础设施的改建，重点对佘山林场小昆山护林防火基础设施进行了维修改造，对消防泵、消防管线、防火隔离围墙等维修保养，全年投入日常维修资金80万元。

（四）安徽省

2013年，安徽省国有林场基础设施建设一是继续推进国有林场危旧房改造。309户全部开工，开工率100%，其中101户基本建成，建成率32.6%。二是国有林场林区道路通畅工程进入竣工验收阶段。截至12月底，投资3857万元，其中国家投资1950万元，完成路基工程67千米，完成沥青（水泥）路面硬化62千米，新建和维修林区道路105千米，其中新建55千米。部分国有林场为了解决营林区职工生活用电困难，自筹资金，架设电力线路约10千米。

（五）福建省

2013年，福建省按照“美丽林场”建设要求，加大力度开展场容场貌建设，研究制订了《福建省国有林场场容场貌建设实施方案》，实施了20个国有林场的场容场貌建设项目。三明市开展以“提高生态质量、改善职工生活”为主题的美丽林场建设，筹集建设资金1000多万元，先后改造场部环境、建设场区绿化。与此同时，积极推进国有林场危旧房改造工作。2013年福建省省属国有林场争取国家危旧房改造项目资金4560万元，改造危旧房760套，其中新建363套，改造397套。

（六）江西省

2013年，江西省国有林场13951户危旧房改造项目已全面开工建设，截至12月底，15000户（含2012年续建工程）已全面改造完成。同时，江西省申请到国家广电总局下达国有林场（保护区、森林公园）广播电视村村通直播卫星接收设备4892套，涉及职工7827户。其中：国有林场分场3106套、省级以上保护区8套、国家级森林公园10套、场带村1768套。此外，争取到34个国有林场通往乡镇的林区公路纳入农村公路建设，总投资为15176万元，建成水泥混凝路面公路143.6千米，其中中央投资4840万元。

（七）山东省

2013 年，山东省国有林场在省广电局等有关部门支持下，争取到省财政资金 160 余万元，为全省 5588 户国有林场（苗圃）职工安装了直播卫星接收设备。国有林场危旧房改造工程涉及 27 个林场、1092 户职工，截至 2013 年年底，已全部开工，完工 908 户，完工率 83.2%；配套设施建设（供水、供暖）项目进展顺利，已完工 690 户，完工率约 63.2%；路、水、电等基础设施建设有新进展，全年新建林区道路 604 千米，解决饮水安全和饮水困难人口 8803 人，新建电力设施 403 千米。

（八）广东省

2013 年，广东省国有林场危旧房改造 9739 户，整体开工 9739 户，开工率 100%，完工 8967 户，完工率 92%。其中，包括道路、供电、供水、排污等基础设施，共争取国家保障性安居工程配套设施投资 5528 万元。此外，中央和各省累计下达国有林场饮水安全工程专项资金 3775.6 万元（其中，中央投资 1933.7 万元，省配套 1841.9 万元），项目的实施对改善国有林场的基础设施条件具有重大意义（专栏 4）。

专栏 4

广东省国有林场饮水安全工程建设成效显著

近年来，广东省高度重视国有林场饮水安全工作。根据饮水不安全人口多、分布地域广等实际情况，科学谋划，精心组织实施国有林场饮水安全工程，取得显著成效。截至 2013 年 12 月底，共争取中央资金 1933.7 万元，落实省配套资金 1841.9 万元，完成饮水安全工程项目 53 个，涵盖 88 个国有林场，5.2 万人受益。主要做法和经验如下。

一、调查摸底，掌握情况

为全面了解国有林场职工饮水情况，广东省从 2009 年起多次组织开展国有林场饮水情况调查，编制相关规划，并积极争取国家支持。成功将广东省国有林场纳入国家和省“十二五”农村饮水安全工程规划。

二、高位推动，强化落实

2012年5月，广东省人民政府召开了广东省农村饮水安全工程建设联席会议第五次会议，明确要求将国有林场饮水安全工程建设按规模纳入林场所在市、县（市、区）管理。广东省林业厅切实抢抓机遇，积极与省发改委、水利厅等有关部门协商，将国有林场饮水安全工程建设实行属地管理。为解决国有林场饮水安全问题提供了政策保障。

三、指导督促，务求实效

广东省林业厅切实加大工作督促力度，指导有关市、县林业主管部门及时与当地发改委、水利等部门对接办理国有林场饮水安全工程设计及立项等相关事宜。截至目前，共获得发改委106个项目立项批复。

据悉，广东省林业厅将在解决国有林场饮水安全问题的基础上，再争取将国有林场纳入全省村村通自来水工程建设范畴，进一步方便林场职工饮用水问题。

（九）广西壮族自治区

2013年，广西壮族自治区林场危旧房改造争取投资5.3亿元，改造完成5433套，占目标任务的102.5%；分配入住15198套，占目标任务的108.5%，解决了7万多职工的住房困难问题。此外，继续推进区直林场场部基础设施建设，累计投入近3亿元，完成新建、改扩建、维修办公用房等82066平方米；新建配电设施27座、供电线路94千米；新建供水设施24座，改造供水管网118.2千米；新建、改扩建、维修硬化道路144千米；新增绿地面积211420平方米，美化亮化面积159155平方米；新建污水处理设施146座；新建垃圾处理设施17座，林场办公条件及场容场貌得到了较大改善。

（十）重庆市

2013年，重庆市国有林场新建6个林场场部基础设施，新建面积8860平方米；新建管护站30个，新建面积9446平方米；新建管护站点97个，新建面积36646平方米。安全饮水工程方面总投资145万元，新建蓄水池29个，修建管线21.7千米。电力改造方面总投资149万元，新建线路5千米，改造线路13千米，新增变压器4台。广播电视接收装置总投资30.8万元，新安装153个。

（十一）贵州省

2013 年，贵州省国有林场争取投资 4809 万元，700 户危旧房改造任务已全面竣工，竣工率 100%，入住 400 户，入住率为 57.1%。国有林区道路建设争取中央投资 4000 万元，涉及项目 8 个，计划建设林区公路 114.4 千米，已经开工建设的 6 个，尚在设计阶段的 2 个。

（十二）云南省

2013 年，云南省争取投资 0.8 亿元（其中：中央投资 0.6 亿元，地方配套及单位自筹 0.2 亿元），实施 32 个国有林场基础设施建设及产业发展项目，林区管护房改造 6300 平方米、林区道路改造 42 千米、林区供电线路改造 4.5 千米，计划完成国有林场危旧房改造 178 户，新增公路建设 100 千米。

（十三）西藏自治区

2013 年，西藏自治区林芝地区国有林场争取中央投资 668 万元（其中：国家补贴资金 400 万元，企业自筹资金 228 万元），建设危旧房改造 40 套，建设面积 3484.9 平方米。同时争取实施了危旧房改造工程水电路项目，投入资金 205 万元（其中：国家补贴资金 187 万元，企业自筹资金 18 万元）。昌都林场危旧房工程争取投入 949.68 万元，改造 254 户，省级配套资金 254 万元，林场和职工自筹资金 520 万元，中央基建投资 200 万元。实施项目有林场和干部职工住房、危旧房抗震加固、安装供水设施、改造入户供电线路、配备应急消防泡沫灭火器、改造屋顶防水、地面水泥整平、外墙抹灰增白、安装塑钢窗等。

（十四）甘肃省

2013 年，甘肃省国有林场危旧房改造涉及全省 28 个国有林场（自然保护区）4318 户，开工率 100%，主体竣工率达 70%。落实安全饮水工程建设 3033 户、15028 人；此外，争取落实国有林场（区）电网改造项目 9 个，总投资 1830 万元，涉及张掖市、庆阳市、甘南藏族自治州等 3 个市（州）9 个县（区），项目的实施及大地改善了甘肃省国有林场基础设施条件。

（十五）宁夏回族自治区

2013年，宁夏回族自治区10个市、县（区、局）的19个国有林场进行了林场办公、护林用房、职工住房、生产生活用水、灌渠、道路等基础设施建设。其中：争取资金1195万元，完成危旧房改造497户，新建468户，翻修加固29户；新建办公管护用房1686平方米，改造办公管护用房2534平方米，院坪硬化1000平方米；架输电线路12.5千米，配置变压器8台；争取国有林场生产生活用水项目552万元，为林场打机井及配套设施17眼，土泉改造1处，引水6千米，新修灌水渠道19千米，新建蓄水池16座，埋置输水管线16.4千米，并配置了泵、电、井（水）房等基础设施；争取道路建设项目32万元，完成5个国有林场公路建设16.8千米。

（十六）新疆维吾尔自治区

2013年，新疆维吾尔自治区国有林场危旧房计划改造1582户，开工建设完成1163户。天西、阿山和天东国有林管理局所属25个分局改造完成747户；完成林区道路建设159.6千米，解决饮水安全和饮水困难人口16093人，电力建设设施53千米。

第五章 贫困林场扶贫

我国国有林场大多分布在重点生态脆弱区和大面积集中连片的国有荒山荒地等偏远山区，自然条件恶劣、生产生活设施落后，林场经济贫困，职工生活艰难。截至2013年年底，我国国有贫困林场数量为3485个，贫困总人数233万人。面对重重困难，我国不断加强扶贫力度和扶贫管理，国有林场生产生活条件不断改善、林场自我发展能力不断增强、职工素质不断提升，国有林场贫困状况逐步缓解。

一、国有林场贫困现状

（一）国有贫困林场的界定

2013年3月，国家林业局发布公告（林规发〔2013〕8号），批准《国有贫困林场界定指标与方法（LY－T2088－2013）》，并于2013年7月1日起实施，本标准规定了贫困林场的术语和定义、界定的指标体系和界定的方法，适用于国有贫困林场的界定和管理。

截至2013年年底，根据我国国有林场的基础设施和生产条件、职工收入水平、林场收支情况、人力资源基础等方面现状，界定我国国有贫困林场数量为3485个，占国有林场总数的72%。林场贫困总人数233万人，其中在职职工中贫困人数33万人，离退休职工中贫困人数18万人，分别占国有林场总人数、在职职工人数和离退休人数的85%、69%和67%（见图5-1）。贫困林场数量、贫困人口数量依然很大，贫困状况依然很严峻，国有林场及职工的脱贫致富问题任重而道远。

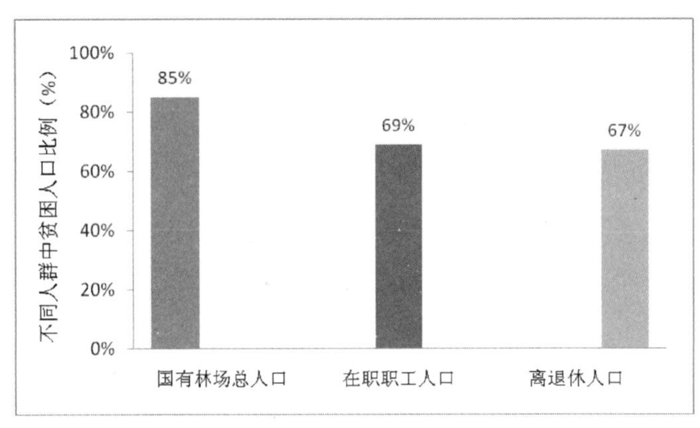

图5-1　国有林场贫困人口所占比例

（二）生产生活条件恶劣

截至2013年年底，国有贫困林场生产生活条件仍然很恶劣，主要体现在以下几方面：一是道路差。3163个贫困林场8.6万千米断头路急需维修，4200个分场（工区）不通等级公路，甚至还有486个林场场部不通公路；二是饮水难。全国尚有1595个贫困林场、9384个工区（护林站）吃水困难或存在饮水安全问题，分别占国有林场和工区（护林站）总数的35%和51.2%；涉及职工、家属及代管村农民总人口达150万人，占国有林场总人口的39.8%。三是用电难。有170个贫困林场场部、6474个工区不通电，涉及10万职工。四是通信不畅。有575个国有林场、10150个工区不通电话。

（三）林场经济极度贫困

林场经济发展是国有林场日常业务开展和事业发展的前提。截至2013年年底，我国国有贫困林场经济仍然很贫困，主要体现在以下几方面：一是缺乏经济来源。贫困林场主要依靠森林生态效益补偿基金和抚育间伐收入维系职工工资和事业性支出，缺乏产业性收入，入不敷出。二是债务负担重。贫困林场负债总额160亿元，资产负债率高达72%；三是拖欠职工工资现象严重。累计拖欠职工工资50.27亿元，拖欠离退休人员养老金8.3亿元。

（四）职工生活十分艰难

截至2013年年底，由于林场经济贫困，拖欠职工工资严重等各种问题，林场职工生活仍然十分艰难。一是收入水平低。2013年，全国国有林场职工平均工资1.85万元，贫困林场在职职工年均收入不足1.2万元，远远低于全

国城镇单位职工年均工资 4.2 万元的水平。二是收入来源单一。为了国家生态建设的大局，按照国家政策规定，林场职工对培育和经营的林木没有收益权和支配权，林木的经济功能受到限制；由于地处偏远，自然条件较差，林场职工发展自营经济的条件有限，经营性收入很少，基本只能靠工资性收入维持生活。三是子女上学困难。大部分林场远离城镇，职工子女上学不便，去城镇上学经济负担过重，不少家庭因此负债累累。四是就业困难。20 世纪 90 年代后期，国有林场转为以森林资源保护为主，营造林和木材采伐等生产任务减少，林场富余职工大量增加，目前下岗待业职工有 15 万多人，占职工总数的 32%。

此外，社会保障不健全。目前没有参加基本养老、医疗和失业保险的在职职工分别达到 15 万、25 万和 30 万，离退休职工中，参加基本养老、医疗保险的职工只有 17.2 万和 18.7 万人。特困家庭、特困职工享受不到地方的政策，生活十分艰难。截至 2013 年年底，国有林场 41.8 万在职职工中，参加基本养老保险、基本医疗保险、失业保险、工伤保险和生育保险的比例分别为 74.45%、71.3%、42.23%、45.76% 和 37.11%，见图 5-2。

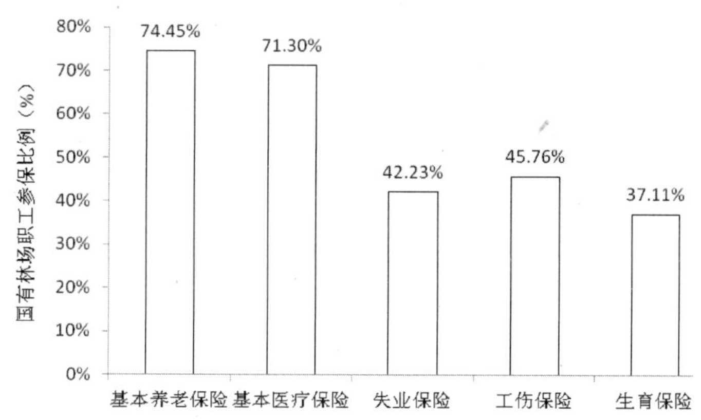

图 5-2　国有林场在职职工中参加各类保险比例

二、国有林场扶贫

（一）扶贫规划

1. 辽宁省编制完成贫困林场扶贫规划

2013 年，辽宁省编制完成了《辽宁省贫困国有林场扶贫规划》（2011 ~

2020年)，加强国有林场扶贫工作，加快贫困国有林场脱贫步伐，提升国有林场科学发展能力，促进国有林场可持续发展。

2. 黑龙江省落实了贫困林场界定和建设规划

2013年，黑龙江省国有林场管理处参与编制的《黑龙江省大兴安岭南麓区域发展与扶贫攻坚规划》(林业部分)，已由国务院批准实施。落实了2013年国有贫困林场确定和建设项目审定。

(二) 加大扶贫工作力度

2013年，通过积极协调争取，国有林场扶贫资金新增3000万元，总量达到3.5亿元(见图5-3)，支持了28个省的847个国有贫困林场。扶贫资金主要用于支持贫困林场改善生产生活条件、发展生产、人员培训、省级林业主管部门提取项目管理费等四个方面。从图5-3还可以看出，近五年来国有林场扶贫资金的到位金额在逐年增长，2010年以来每年增长3000万元，帮助贫困林场脱贫。

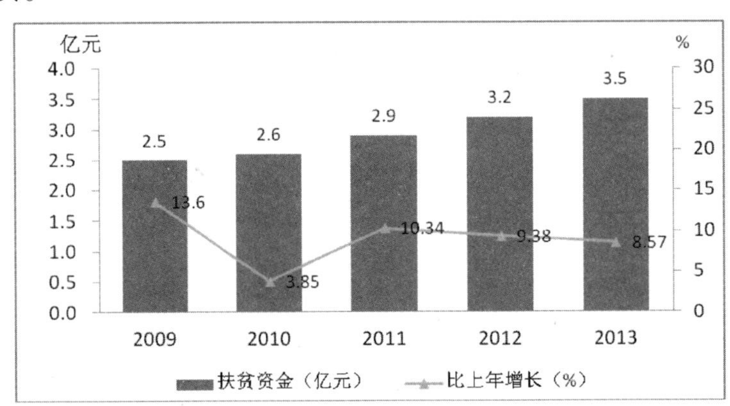

图5-3　2009～2013年国有林场扶贫资金到位情况

2013年，国有林场扶贫项目主要建设内容有：新建和维修改造贫困林场场部、管护站点及职工危旧房面积17.6万平方米，新建和维修林区道路1845千米，新建和维修桥涵25座，打机井74眼，修建蓄水池89个，新建水质净化厂1座，铺设输水管道101.2千米，解决饮水安全问题人数达12657人，新建和改造输电线路216千米；营造经济林16499亩，培育珍稀树种2050亩，造林及低产林改造17025亩，毛竹低产林改造18550亩，新建和改造苗圃12895亩，发展林下种植业1280亩；培训林场干部和技术人员322人次。

（三）加强扶贫资金项目管理

2013年，争取到2014年中央财政国有贫困林场扶贫资金预算指标2.45亿元，提前谋划、提前部署，加强扶贫资金项目的协调和管理。同时，出台了《国有贫困林场界定指标与方法》和《国有贫困林场扶贫实施方案》，加强对扶贫工作的宏观指导，努力提高扶贫成效。

（四）整合扶贫资金分配的因素法

为了加强国有贫困林场扶贫资金的分配管理，出台2013年国有贫困林场扶贫资金分配方案，整合资金分配的因素法。贫困性因素权重70%，其中职工人数10%、林业用地面积15%、在岗职工年人均工资水平15%、不通电里程15%、不通公路里程15%；政策性因素权重30%，其中国有林场改革5%、扶贫工作组织管理与成效10%、连片特困地区5%、突出重点5%、报送文件规范5%。

三、部分地区国有林场扶贫

（一）江西省

2013年，江西省争取国家国有贫困林场扶贫项目补助资金1680万元，经过认真审核和筛选后安排了65个林场。其中，基础设施建设项目51个，生产发展项目14个。完成修建断头路、改扩建林区公路96.22千米，架设输电线路3.37千米，饮水安全项目9个，危旧房改造面积1.7万平方米，毛竹低效林改造1.5万亩，中幼林抚育8900亩，建设苗木和珍贵树种培育基地5450亩等（专栏5）。

专栏5

江西省鹰潭市国有贫困林场获扶贫资金95万元

为了帮助国有贫困林场改善生产生活条件，促进国有贫困林场加快脱贫致富，江西省财政厅、省林业厅联合下达了《关于下达2013年国有贫困林场扶贫资金的通知》，安排鹰潭市国有贫困林场扶贫资金95万元，余江县高公寨林场、龙虎山上清林场和贵溪市冷水林场获得补助，该批资金将分别用于林区公路维修、公路硬化、水毁公路建设等项目。

该批项目的实施，将对鹰潭市贫困林场改善生产生活条件，完善基础设施建设，促进贫困林场脱贫致富起到一定的作用。各级林业主管部门将加强项目监管，严格按照《江西省国有贫困林场扶贫资金管理实施办法》的有关规定，使该项资金落到实处，起实效。

（二）陕西省

2013年，陕西省争取国有贫困林场扶贫资金1611.23万元（其中，中央扶贫资金1420万元，林场自筹191.23万元），实施国有贫困林场扶贫项目46个，扶持林场46个，维修生产办公用危房1.04万平方米，辅助用房1195平方米；维修林区道路106千米；架设高压线路1.2千米，低压线路27.6千米；建设供水管网16.6千米，水塔1个，蓄水池6个，井房4间，排污管道1440米；硬化院落2320平方米；修筑河堤护坝300立方米等。

（三）云南省

2013年，云南省国有林场争取国家贫困林场扶持资金1080万元（比2012年的800万元新增280万元），安排32个国有林场实施国有林场基础设施建设及产业发展项目，实施林区管护房改造6300平方米、林区道路改造42千米、林区供电线路改造4.5千米，林下种植重楼、野生韭菜等570亩，林下养殖项目3个，建设珍稀树种苗木基地150亩、速生用材林基地600亩、优质经济林基地300亩（专栏6）。

专栏6

云南省国有林场危旧房改造、房屋产权界定和税费减免政策具体化

云南省人民政府《关于加快推进棚户区改造工作的实施意见》（云政发〔2013〕133号）要求，加快实施全省国有林场危旧房改造，并进一

步明确了加大政府资金投入、强化金融信贷支持、鼓励社会资本参与、确保建设用地供应、落实税费减免政策、完善安置补偿政策、明确界定房屋产权等七个方面的支持政策。明确规定：对危旧房改造项目，免征各种行政事业性收费和政府性基金。危旧房改造项目涉及的城镇土地使用税、印花税、土地增值税、契税、个人所得税等，按照国家有关规定予以减免。电力、通信、供水等企业要积极支持危旧房改造，在入网、管网增容等经营性收费方面给予适当减免。国有林场危旧房改造项目，在城镇规划区内的房屋产权，属于划拨用地的，按照经济适用住房有关政策办理；在城镇规划区外的房屋产权，由省住房城乡建设厅、国土资源厅根据有关规定，分别明确房屋登记和土地使用登记办法。对符合条件的安置住房，各地应限期办结土地使用登记和房屋登记手续。

（四）青海省

2013 年，青海省国有贫困林场争取 1030 万元扶贫资金，对西宁市纳家山林场等 9 个国有林场新建及维修办公用房 3412 平方米，解决了 9 个林场的供暖设施，新建林场围墙 841 米；新修供水管道 6. 8 千米、修建水井 13 口、建蓄水池 1 座；改造供电线路 4 千米，改造上下水、发电设备、蓄水设施、渠道维修等。

四、扶贫成效

（一）生产生活条件逐步改善

截至 2013 年年底，我国国有林场中有 2007 个贫困林场实施了基础设施建设项目。其中：840 个林场实施了道路建设项目，修建各类道路 8937 千米，初步解决了出行难的问题；1103 个林场进行办公、生产用危房改造，改造面积 46. 9 万平方米；527 个林场实施饮水安全项目，解决了 13. 2 万人的饮水安全问题；342 个林场实施了通电项目，共架设高、低压线路 2139 千米，解决了 210 个林场供电问题。

（二）国有林场自我发展能力逐步增强

截至2013年年底，部分国有林场依托扶贫项目和资源优势，发展种植、养殖、森林旅游等林业产业，共安置富余人员11691人，有170个林场逐步摆脱贫困，其中85个林场走上了致富之路，增加了林场经济实力，提高了职工收入。2013年，通过国有林场扶贫项目营造经济林1.7万亩，培育珍稀树种2050亩，造林及低产林改造1.7万亩，毛竹低产林改造1.9万亩，新建设和改造苗圃1.3万亩，发展林下种植业1280亩。增强了林场的“造血”机能，提升了职工素质，为国有林场发展增添了新的生机和活力。

（三）职工素质逐渐提升

截至2013年年底，各级国有林场主管部门采取短期培训、组织学习、挂职锻炼、科普示范带动等多种形式，提高职工队伍业务能力和基本素质。先后共举办各类培训班755期，培训林场干部职工4.4万人次，组织林场干部到外省挂职锻炼127人次，学习文化、崇尚科技、移风易俗、文明进步已经成为广大贫困林场职工群众的自觉行动，成为脱贫致富的内在动力。2013年，开展三期场长培训班，累计培训400多人次，开展北方地区森林经营管理高级研修班、开展场外造林研讨会、职业技能竞赛等加强林场干部和技术人员的培训，使职工素质逐步提升。

（四）民生保障日渐完善

截至2013年年底，国有林场职工基本养老和医疗保险参保率分别达68%和47%，比“十一五”初期分别增加了15.2%和24.2%，林场社会保障体系初步建立并不断完善，初步实现老有所养、病有所医（专栏7）。

专栏7

吉林省多措并举积极推进国有林场职工养老保险工作

吉林省现有国有林场307个，总经营面积5750万亩，占全省林业经营面积的41.2%；其中有林地面积4166万亩，占总经营面积的72.4%。

新中国成立以来，吉林省国有林场依托得天独厚的森林资源优势，坚持生态建设和产业发展并重的指导思想，在生态建设和产业发展方面实现了大步跨越，成为地方林业生态建设的主力军。

但受体制机制等因素影响，国有林场职工养老保险问题一直没能得到彻底解决，全省林场职工 67352 人，其中在职职工 49423 人，参加养老保险人数 31291 人，仅占在职职工的 63.3%；离退休人员 17929 人，参加养老保险人数为 11731 人，仅占退职工人数的 65%，部分国有林场职工基本没有参加养老保险。针对这种情况，吉林省林业厅积极行动，多措并举积极推进国有林场职工养老保险工作：

一是统计调查摸情况。为全面了解各地方国有企事业单位职工特别是国有林场职工参加社会保险基本情况，研究解决国有林场职工参加社会保险问题，吉林省林业厅联合吉林省社会保险事业管理局联合下发通知，要求将国有林场参加保险基本情况、按政策应参加基本养老保险单位和已参加单位漏保人员参保费用测算、参加基本养老保险单位在职职工和离退休人员等情况统计上报。同时，举办培训班，让各地学习社会保险相关政策，理解和掌握国有林场参加社会保险情况调查统计方法。

二是冻结编制控局面。为防止国有林场改革准备工作期间出现新的职工养老保险问题，吉林省下发正式通知，要求各地方国有林场严禁再招收、调入工人，全面冻结国有林场人员编制，直至国有林场改革验收结束。

三是试点先行探路子。2012 年 11 月，吉林省将辉南县、东丰县、长白县等 11 个县确定为省国有林场改革试点单位。通过深入调研，全面掌握国有林场职工基本情况；通过深入剖析存在困难和问题，研究探索解决职工养老保险工作的方式方法；通过科学测算，研究解决职工养老保险的成本筹措难题，为全面解决职工养老保险问题创造条件。

四是申请支持解难题。提请省政府协调社保、财政等相关部门，出台政策性文件将国有林场职工全部纳入社保范围，做到应保尽保；降低投保门槛、减免拖欠保费产生的滞纳金，并在国有林场职工投保方面给予必要扶持，以解决国有林场职工的后顾之忧，为下一步全面推行国有林场改革打下坚实的基础。

（五）三大效益逐步显现

截至2013年年底，10多年来国有林场森林面积增加了2.2亿多亩、蓄积量增加了4亿多立方米，实现了森林面积、蓄积量双增长，促进了生态环境的改善，使工农业生产有了绿色屏障，自然灾害减少，土地产出增加，农业收入增长；使生态旅游观光等产业得到快速发展，吸引外来资金注入，拉动消费和需求，推动了一、二、三产业协同发展，有效促进了地方经济发展和社会和谐稳定。通过十几年的探索，国有林场扶贫不但在消除贫困方面取得了一定成效，使国有林场生产生活条件逐步改善、造血”机能也有所增强、职工素质逐步提升、民生保障日渐完善，更为重要的是为新时期继续深入推进扶贫工作，加快国有林场脱贫致富步伐积累了丰富的经验。

第六章 特色产业发展

国有林场产业组成有种苗、花卉、速生丰产林、经济林、养殖业等国有林场第一产业；胶合板、刨花（碎料）板和纤维板等三大类产品，小型水电站、采矿业等国有林场第二产业；森林公园、自然保护区等森林旅游、餐饮等国有林场第三产业。目前，以木材采伐为主的种植业仍然是国有林场生产经营的主要组成部分，以森林旅游为主的非林木产业发展势头良好。

一、国有林场产业经营

（一）国有林场总投入产出情况

2013 年，国有林场营业总收入 179.4 亿元，比 2012 年增加 31.3 亿元，同比增长 21.3%（见图 6-1）；营业总成本 211.9 亿元，比 2012 年增加 25.5 亿元，同比增长 27.3%（见图 6-2）。营业外净收入 8.4 亿元，比 2012 年增加 4.4 亿元。承包户上交净收入 10.3 亿元，比 2012 年增加 1.5 亿元。补贴收入 27.5 亿元，比 2012 年增加 3.1 亿元。2013 年全国国有林场实现净利润 14.6 亿元，比 2012 年增加 4.6 亿元。

从图 6-1 和图 6-2 还可以看出，近五年来我国国有林场营业总收入在稳定增长，同比增长总体呈现上升趋势。同样，营业总成本也在稳定地加大，投入成本同比增长率直线上升。但是，每年营业总成本均比营业总收入大，并且投入产出比在近五年内基本保持平稳。不难看出，我国国有林场的生产经营成本较高，但是收入甚微，很大程度上是为生产线的林场职工不下岗不分流，林场支撑产业发展，但换不来实际的经济效益。

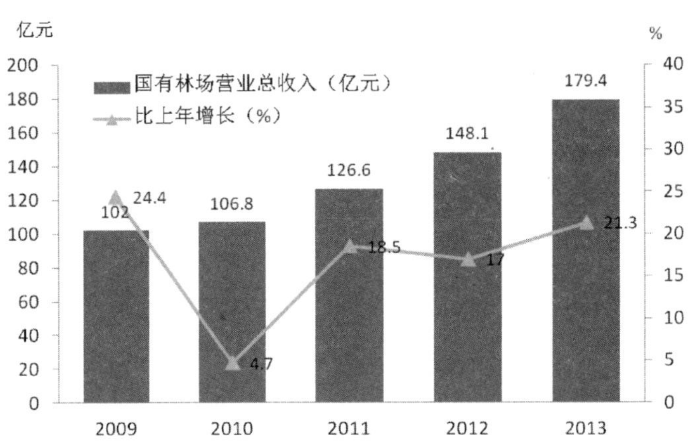

图 6-1　2009～2013 年国有林场营业总收入变化情况

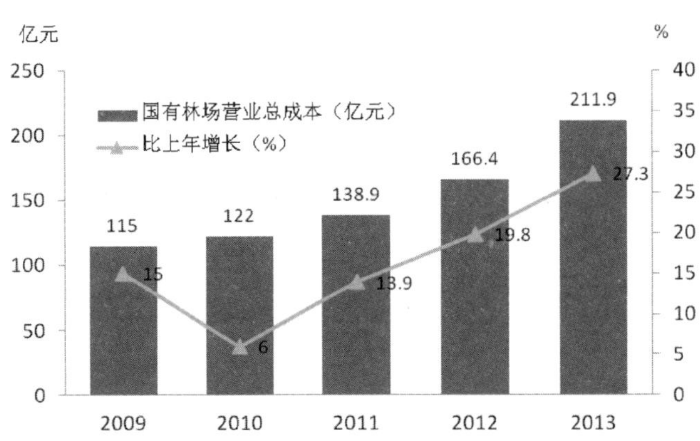

图 6-2　2009～2013 年国有林场营业总成本变化情况

2013 年，国有林场全年营业利润 57. 6 亿元（剔除营业总成本中管理费、财务费等期间费用后的产品或行业销售利润），比 2012 年增加 1. 6 亿元。营业收入中全年种植业总收入 111. 3 亿元，占国有林场营业总收入的 62%，营业利润 44. 5 亿元，占总营业利润的 77. 3%，是国有林场营业收入的主要组成部分。此外，非林木产业发展较快，经济效益开始显现，实现营业收入 42 亿元，比 2012 年增加 5. 5 亿元，占林场总收入的 23. 4%；实现营业利润 13. 1 亿元，比 2012 年增加 2. 3 亿元，占营业利润的 22. 7%。其中，旅游服务业实现营业收入 8. 1 亿元，占营业总收入的 4. 5%，是近几年我国国有林场发展势头最快的产业，具有良好的发展前景。

（二）国有林场总资产及负债情况

2013 年，全国国有林场总资产 1407.5 亿元，其中流动资产 363.6 亿元（货币资金 141.2 亿元），包括固定资产净值和林木资产的非流动性资产 1043.9 亿元（固定资产净值 188.8 亿元，林木资产 675.3 亿元）；国有林场总负债 579 亿元，其中流动负债 445.1 亿元，非流动负债 133.9 亿元（见图 6-3）。资产负债率比 2012 年减少 0.7%。截至 2013 年年底，含林木资产的资产负债率 41.1%，比 2012 年增加 0.6%；不含林木资产的资产负债率 79.1%，比上年减少 2.2%。所有者权益 828.5 亿元，其中实收资本 132.1 亿元（国家资本 64.9 亿元），林木资本 621.8 亿元，资本公积 65.1 亿元，盈余公积 21.9 亿元，未分配利润负 12.3 亿元。

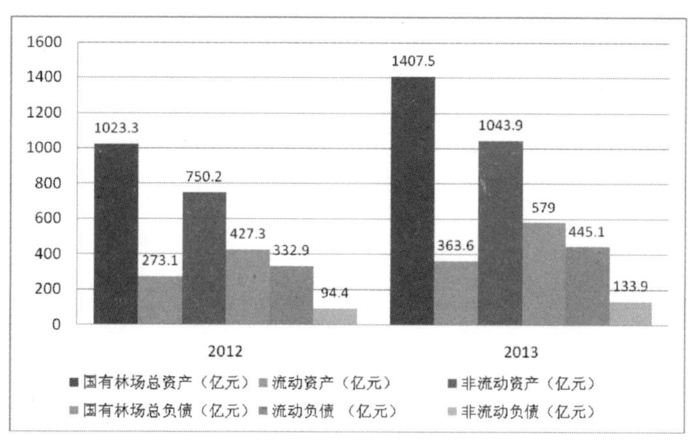

图 6-3　2012～2013 年国有林场总资产及总负债情况

（三）主要产业的收入情况

根据《国家林业局计财司关于印发 2013 年全国林业行业会计决算报表汇总结果的通知》（规行函〔2014〕143 号），国有林场种植业、养殖业、种养业初加工、旅游业收入情况如下。

1. 种植业

2013 年，国有林场全年种植业营业总收入 111.3 亿元（见表 6-1），营业总收入中比例最大。其中，广西壮族自治区营业收入 34.9 亿元，占全国国有林场种植业营业收入的 31.3%，是全国国有林场种植业收入最大的省份，其次是吉林省、湖南省、福建省和江西省。位居前五省的种植业营业总收入占全国营业总收入的 63.2%。

表 6-1　2013 年各省（区）国有林场种植业收入情况

序号	省（区）	种植业收入（万元）	序号	省（区）	种植业收入（万元）
1	广西壮族自治区	349204	16	新疆维吾尔自治区	13038
2	吉林省	116296	17	四川省	12199
3	湖南省	93023	18	贵州省	12102
4	福建省	72353	19	云南省	12012
5	江西省	72136	20	江苏省	7746
6	黑龙江省	68305	21	陕西省	6389
7	辽宁省	51476	22	山东省	6275
8	广东省	46882	23	河南省	5698
9	河北省	34697	24	重庆市	4276
10	安徽省	28212	25	宁夏回族自治区	2293
11	内蒙古自治区	25687	26	海南省	1802
12	甘肃省	20256	27	北京市	1333
13	山西省	16964	28	青海省	956
14	湖北省	16031	29	上海市	4
15	浙江省	15430			

2. 养殖业

2013 年，国有林场全年养殖业营业总收入 2.1 亿元（见表 6-2），占全国国有林场营业总收入的 1.2%。其中，浙江省、广西壮族自治区和山东省位列前三名，三省养殖业营业总收入 1.4 亿元，占全国养殖业营业总收入的 66.7%。

表 6-2　2013 年各省（区）国有林场养殖业收入情况

序号	省（区）	养殖业收入（万元）	序号	省（区）	养殖业收入（万元）
1	浙江省	8450	11	湖北省	69
2	广西壮族自治区	3887	12	新疆维吾尔自治区	53
3	山东省	1987	13	贵州省	37
4	吉林省	1608	14	江西省	35
5	湖南省	1431	15	辽宁省	22
6	黑龙江省	1264	16	重庆市	13
7	江苏省	1235	17	山西省	9
8	内蒙古自治区	456	18	安徽省	5
9	海南省	181	19	四川省	4
10	甘肃省	95	20	河北省	3

3. 种养业初加工

2013 年，国有林场全年种养业初加工产品全年营业总收入 8.8 亿元（见表 6-3），占全国国有林场营业总收入的 4.9%。其中，广西壮族自治区、湖南省和四川省位列前三名，三省种养业初加工营业总收入 7.6 亿元，占全国

种养业初加工营业总收入的86.4%。

表6-3　2013年各省（区）国有林场种养业初加工产品收入情况

序号	省（区）	种养业初加工收入（万元）	序号	省（区）	种养业初加工收入（万元）
1	广西壮族自治区	65865	11	辽宁省	483
2	湖南省	6025	12	陕西省	252
3	四川省	4250	13	湖北省	229
4	吉林省	2405	14	山东省	225
5	黑龙江省	2106	15	内蒙古自治区	171
6	云南省	2035	16	河北省	100
7	广东省	1477	17	山西省	64
8	江西省	1188	18	浙江省	40
9	安徽省	976	19	甘肃省	34
10	江苏省	514	20	福建省	25

4. 旅游业

以森林旅游为主的旅游服务业是近些年我国林业发展起来的新型产业，目前发展势头良好。2013年，我国国有林场旅游服务业实现营业收入8.1亿元（见表6-4），是国有林场营业总收入的4.5%。其中，山东省发展势头最好，实现营业收入4.3亿元，是全国营业总收入的53.1%，其次是湖南省和陕西省。三省旅游服务业收入5.9亿元，占全国国有林场旅游服务业营业总收入的72.8%。

表6-4　2013年各省（区）国有林场旅游业收入情况

序号	省（区）	旅游业收入（万元）	序号	省（区）	旅游业收入（万元）
1	山东省	42744	14	安徽省	761
2	湖南省	8475	15	山西省	465
3	陕西省	7291	16	天津市	423
4	广西壮族自治区	4160	17	内蒙古自治区	417
5	河北省	3487	18	北京市	372
6	广东省	2233	19	四川省	350
7	江苏省	1937	20	甘肃省	148
8	浙江省	1609	21	福建省	119
9	吉林省	1442	22	重庆市	98
10	辽宁省	1288	23	黑龙江省	40
11	湖北省	1261	24	江西省	37
12	河南省	816	25	云南省	36
13	贵州省	767	26	新疆维吾尔自治区	30

（四）主要产品产销情况

1. 原木

2013 年，全国国有林场全年原木产量 1178. 3 万立方米，比 2012 年增加 115. 3 万立方米：销售量 1404. 3 万立方米，比 2012 年增加 255. 3 万立方米。木材销售收入 86. 6 亿元，比 2012 年增加 8. 2 亿元。木材平均售价 617 元/立方米，比 2012 年降低 65. 5 元/立方米。销售利润 35. 9 亿元，比 2012 年增加 1 亿元，占国有林场总营业利润的 62. 3%，占种植业营业利润的 80. 7%。

2. 纤维板

2013 年，全国国有林场全年纤维板产量 94. 3 万立方米，比 2012 年增加 8. 3 万立方米；销售量 94. 3 万立方米，比 2012 年增加 9. 3 万立方米；实现销售收入 12. 2 亿元，比 2012 年增加 1. 3 亿元；平均售价 1297. 3 元/立方米，比 2012 年增加了 22. 2 元/立方米；销售利润负 2088. 6 万元，比 2012 年利润增加 2711. 4 万元。纤维板的产量集中在辽宁省和广西壮族自治区，分别为 6. 4 万立方米和 87. 9 万立方米。

3. 苗木

2013 年，全国国有林场全年销售苗木收入 15. 5 亿元，占种植业总收入的 13. 9%，比 2012 年增加 0. 3 亿元。实现销售利润 6. 3 亿元，比 2012 年增加 0. 9 亿元。

二、部分地区国有林场产业发展

（一）内蒙古自治区

2013 年，内蒙古自治区呼伦贝尔盟岭南六局按照“两转、两非、两调整”（即转变思想观念与经营机制，发展非林非木产业与非公有制林业，调整管理体制与产业结构）的发展思路，把开发非林木产业作为经济发展的重点进行培育，实施了产业结构调整。以森林资源为依托的林下采集业、种植业、养殖业和运输、机修及庭院经济取得了长足的发展，特别是森林旅游业、种养殖业、林区绿色产业（采集业）已经形成新的经济增长点。

此外，内蒙古自治区各地国有林场依照自身情况，努力探索不同发展模式，继续巩固和推广职工生态经济园等建设，促使职工逐步走向自我经营、自我发展的道路。如通辽在保护好森林资源的前提下，根据林场自身资源优势，发展林药、林果、林经等种植业，开发森林绿色食品、发展经济林、花卉苗木，发展林下养殖业，开发森林旅游等新兴产业。

（二）河南省

2013 年，河南省通过培育苗木增加林场收入，平顶山舞钢林场苗圃面积 105 亩，圃存各种规格桂花苗 5 万多株，2013 年苗木销售收入达到 15 万元；三门峡川口林场完成林业大田育苗 100 亩，出圃一年生侧柏营养袋苗木 50 万余株，三年生侧柏营养袋大苗 2.5 万株，三年生核桃苗 1.2 万株，新育侧柏营养袋苗木 60 万株。另外，通过发展森林旅游增加林场创收，洛阳老君山林场实现年度建设投资 7500 万元，完善各项旅游设施，提升了森林旅游知名度，全年接待游客达到 40 万余人。

（三）湖北省

2013 年，湖北省国有林场在坚持以林为主的同时，积极调整林种、树种结构，优化种植、养殖模式，大力发展林下经济和森林旅游等产业。全年有 143 个林场发展苗木花卉、瓜果蔬菜及中药材种植 30 多万亩；31 个林场开展林产品加工；84 个国有林场大力发展森林旅游；部分林场大力发展职工自营经济，开展种植、养殖业的职工有 6000 多户；利用森林公园和城郊优势发展以餐饮为主的服务业，国有林场产业发展势头良好。

（四）海南省

2013 年，海南枫木鹿场养鹿存栏 230 多头，鹿产品年销售收入 181 万元；木材产量 8279 立方米，木材销售收入 270 万元；橡胶产量 974 吨，销售收入 1171 万元；槟榔产量 1070 吨，销售收入 337 万元；水电、松香加工收入 1046 万元；苗木花卉收入 1609 万元；林地租赁收入 1820 万元。

（五）陕西省

2013 年，陕西省国有林场产业发展实现自营收入 2.17 亿元。森林旅游业全年接待 503 万人次，收入 1.36 亿元；种苗花卉业全年共完成育苗 1.89 万亩，生产各类苗木 1.21 亿株，总产值 1.3 亿元；全年营造以刺槐、杨树、泡桐等为主的速生丰产林4.3万亩，新造核桃、板栗、花椒、柿子等各种经济林3.51万亩，年产值达到200.8万元；全年国有林场利用丰富的林下资源，林下种植中药材等作物0.47万亩，年产值935.3万元；养殖猪、羊、鸡等畜、禽1.79万头（只）、土蜂3148箱，以及其他加工业、商贸服务业等项目实现年产值231万元；除旅游外的多种经营项目共实现收入8098.4万元。全省全年开展人工商品林采伐作业试点采伐面积1.85万亩，出材量471.5万立方米，取得了一定的经济效益。

（六）甘肃省

2013年，甘肃省国有林场依托丰富的资源优势积极开展多种经营：

1. 大力发展林木种苗产业

全省国有林场已累计建立苗圃243个，大田育苗4.5万亩，容器育苗1.6亿株，年产值达1.8亿元。金昌市喇叭泉林场为加快新品种引种驯化步伐，先后引进钙果、绣线菊、火炬树、红瑞木、丝棉木、紫叶矮樱、速生柳、珍珠梅等10多个品种进行大面积引种实验示范，聘请省专家，对新品种的引进栽培进行现场指导，为进一步筛选适宜在本地区栽培的优良树种提供了科学依据。

2. 大力发展特色种养殖业

全省国有林场去年共种植各类特色经济作物7万亩，发展特色养殖76万头（只），年产值1.1亿元。白龙江林区国有林场结合自身实际，不断发展壮大葡萄种植和乌鸡、肉兔、梅花鹿等特色养殖，年产值超过4000万元。此外，腊子口林场与白龙江林管局林科所协作，人工试种羊肚菌0.8亩，为林场增效创收开辟了新路子。

3. 大力发展森林生态旅游产业

全省国有林场依托森林资源开展森林生态旅游的规模不断扩大，年收入不断增加。一些国有林场林副产品加工产业链不断延伸，山野菜、中药材、蜂蜜等林副产品年销售额2301万元。陇南市康南林业总场集中抓茶叶产业开发，累计种植茶园1500亩，年产量达到2万多斤，实现产值80多万元。

（七）青海省

2013年，青海省通过地方债券支持“菜篮子”工程在玛可河林业局、门源县仙米林场和乐都区药草台林场共投资 260 万元省财政资金开展林下经济发展项目，其中玛可河林业局在王柔林场和班前林场投资 140 万元实施羊肚菌林下规模化种植项目，新建生产用房 220 平方米、种植总面积 300 亩；门源县仙米林场投资 60 万元实施林下土鸡养殖项目，新建生产用房 720 平方米、购进本地优质土鸡苗 5000 只；乐都区药草台林场投资 60 万元实施林下土鸡养殖项目，新建生产用房 780 平方米、购进本地优质土鸡苗 20000 只，拉设网围栏 3300 米。

第七章 宣传推介

我国国有林场的建设发展经历了60年的风雨历程，曾经辉煌、几度低谷、整装再发，坎坎坷坷的足迹验证着我国国有林场发展历程。国有林场的一批林业人通过艰苦奋斗，依着不等不靠、主动先行的精神，通过多种渠道广泛宣传国有林场、建设国有林场，提高社会舆论和关注，换来了国有林场改革发展的新局面。

一、大型公益活动

（一）首届国有林场职业技能竞赛

2013年7月，我国国有林场创建60多年来首届国家级职业技能竞赛——首届国有林场职业技能竞赛，在河北省塞罕坝机械林场总场举行。此次竞赛以“提升技能促生态，历练队伍展风采”为主题，依照国家标准《森林抚育规程》、国家林业局印发的《森林抚育作业设计规定》和《森林抚育工职业标准》的要求，对落叶松人工林抚育间伐和采伐木选择技能进行竞赛。竞赛内容包括人工落叶松林分抚育间伐和采伐木选择、均匀度、采伐蓄强和株强控制等。

来自24省（自治区、直辖市）的72名选手参加了竞赛。竞赛设个人一等奖1名、二等奖5名、三等奖9名。河北省塞罕坝机械林场的许文江获得个人一等奖，重庆市璧山县东风林场的何开成、广东省连山林场的邓站彪、广西壮族自治区国有大桂山林场的黄俊忠、四川省凉北林业局的赵坤、北京市西山实验林场的谭庆先获得个人二等奖，江西省枫树山林场的范小平、湖北省太子山林管局仙女林场的刘德彪、湖南省汝城县大坪林场的卢茂康和湖

南省郴州市苏仙区五盖山林场的段志华、陕西省黄龙山林业局三金林场的陈富生、甘肃省小陇山林业调查规划院的张安堂、河北省塞罕坝机械林场的徐国常、海南省岛东林场的韩茂、河南省黄柏山林场的柳士宽获得个人三等奖。

北京市园林绿化局、河北省林业厅、辽宁省林业厅、黑龙江省林业厅、浙江省林业厅、河南省林业厅、湖北省林业厅、湖南省林业厅、海南省林业厅、重庆市林业局、贵州省林业厅、云南省林业厅获得本次竞赛最佳组织奖；山西省林业厅、内蒙古自治区林业厅、吉林省林业厅、安徽省林业厅、福建省林业厅、江西省林业厅、山东省林业厅、广东省林业厅、广西壮族自治区林业厅、四川省林业厅、陕西省林业厅、甘肃省林业厅获得本次竞赛最佳风尚奖；来自国家林业局规划院的张国红、李宇昊以及北京林业大学的孟京辉、王海滨、蒋益等9名裁判员获得优秀裁判员奖。所有参赛选手获得优秀成绩奖，被授予优秀荣誉证书。河北省林业厅、四川省林业厅、江西省林业厅分别获得团体一、二、三等奖，被授予“首届国有林场职业技能竞赛优秀团体奖”奖牌。

中国农林水利工会将向中华全国总工会为获得个人一等奖的许文江申报“全国五一劳动奖章”。国家林业局人才交流中心将向人力资源和社会保障部，为获得一、二、三等奖的15名选手申请“中华技能大奖”或“国家技术能手”荣誉称号。

（二）全国“十佳林场评选”活动

2013年，全国国有林场锐意改革，艰苦创业，涌现出一批成绩显著、事迹突出的先进林场。为了树立典型，学习先进，进一步调动全国国有林场系统广大干部艰苦奋斗的热情，激发出创业创新的强大动力，举行了实现“山绿、场活、人富”的全国国有林场“十佳林场评选”活动。荣获全国“十佳林场”称号的20个单位在中国林场协会三届四次常务理事会上被中国林场协会授予“2013年度全国十佳林场”奖牌（专栏8和专栏9）。

专栏8

捍卫家园 白芨滩谱写人进沙退壮举

一个驻守沙漠边缘、敢与风沙抗衡的林场，一个以防风固沙造林、保护生态环境为主的林场，经过近半个世纪的开创，宁夏回族自治区灵武市白芨滩防沙林场为宁夏平原的生态安全树起了一道绿色的城墙。

“宁肯掉下十斤肉、不让生态落了后”。自1953年建场以来，白芨滩防沙林场几代治沙人艰苦创业、攻坚克难，守护这片家园。近10年间，林场平均每年以2万亩的速度推进造林，累计造林50万亩，控制流沙面积达60万亩，在毛乌素沙漠营造了一条东西长47千米、南北宽38千米的绿色屏障，有效地阻止了毛乌素沙漠的南移和西扩，实现了人进沙退的伟大壮举。为保护我国面积最大、防沙阻沙效果最好的27万亩天然柠条林和30万亩天然猫头刺植物群落，保卫母亲河，守护宁夏引黄灌区几十万公顷良田发挥了不可替代的重要作用。

林场的事迹让人动容，林场的精神催人奋进。近年来，林场先后荣获“全国防沙治沙先进集体”、“国家生态文明教育基地”、“国土绿化突出贡献先进单位”等称号。林场领头人也被先后授予“全国先进工作者”、“全国优秀共产党员”、“全国治沙英雄”、“双百感动中国人物”、“建国60周年最具影响力劳动模范——时代领跑者”等荣誉称号。

专栏9

科学经营 八达岭树立生态文明新风采

作为首都园林绿化的窗口单位之一，北京市八达岭林场在坚持林业建设的同时，不断引进国内外先进理念，发展森林健康经营，全面发挥了森林三大效益。

林场地处八达岭长城脚下，是北京五大风沙源防治中康庄至南口风沙廊道的绿色屏障，承担着八达岭长城景区生态景观营造和森林安全保障的重任。近10年来，林场坚持和倡导森林健康经营理念，注重国际合作交流，加强科研项目开展力度，先后与美国、德国、日本等10多个国家广泛开展了交流与合作，陆续引进和实施了“中美合作北京森林健康试验及示范项目”、“中韩合作北京地区森林综合经营示范项目”等国际合作项目。

通过一系列的国际交流合作，林场拓宽了科研视野，把先进的森林健康等经营理念融入林业实践中。其中，与国内林业大学、科研院所合作开展的《数字八达岭林场实用性研究》等多个课题研究，取得丰硕成果；通过FSC的森林认证，成为中国首家生态公益林认证的国有林场。

森林经营综合效果在林场逐步显露出来，不仅仅森林的外在景观得到了改善，而且森林的内在质量也有了实质性的提高。目前，林场国内外影响力日益增强，据初步统计，6年来，仅参与项目的国外专家就有近800人次，国内专家及同行近3000人次参观考察了项目区。

（三）“原山杯”纪念国有林场创办60周年征文活动

2013年，国家林业局场圃总站组织的原山杯”纪念国有林场创办60周年征文活动，得到了林业系统干部职工的广泛关注和踊跃投稿，截至活动结束共收到有效作品290篇。稿件内容突出体现了国有林场为改善生态环境发挥的重要作用，讴歌了国有林场职工干一行爱一行、扎根艰苦环境的无私奉献精神，赞美了国有林场人为建设祖国秀美山川做出的巨大贡献。

2013年4月，国家林业局场圃总站邀请有关专家组成评委会，经过两轮评选，共评出一等奖4篇、二等奖6篇、三等奖10篇、优秀奖35篇。评选结束后，在山东省淄博市原山林场隆重举行了“原山杯”纪念国有林场创办60周年征文颁奖典礼，一、二、三等奖名单见表7-1。

表7-1 原山杯”纪念国有林场创办60周年征文活动获奖作品

名次	作　品	作　者	作者单位
一等奖	《我的父亲》	徐　立	河北省丰宁满族自治县国营平顶山林场
	《三代林人根不移六十寒暑日益新》	曾　嘉	福建省龙海市九湖镇林下林场
	《美丽中国之塞罕坝》	田永芳	河北省林业厅
	《林中十姐妹》	尚德琪 陈天竺	甘肃日报社记者
二等奖	《志博云天彩凤鸣》	徐　立	河北省丰宁满族自治县国营平顶山林场
	《一路风光》	李　建	河北省秦皇岛市北戴河新区团林林场
	《情系林场一片心》	王天成 师会卿	河南省国有嵩县陶村林场
	《父亲》	江雅慧	江西省贵溪市第二中学
	《我骄傲 我是林业人》	彭丽萍	江西省分宜县林业局
	《远山的见证》	唐培荣	江西九连山国家级自然保护区管理局

（续表）

名次	作　品	作　者	作者单位
三等奖	《开拓奋进铸辉煌》	周洪卫 马　丽 高代坤	四川省洪雅林场
	《绿色永恒追求 在林场干一生》	刘景春	吉林省松原市扶余县林业局
	《秀水青山伴我行》	岑绍荣	广西壮族自治区百色市林业局
	《老高叔和他身后的杉木林》	黄智慧	云南省普洱市思茅区林业局
	《森工情怀》	赵怀武	甘肃省洮河森林公安分局
	《林业工人我为你骄傲》	艾贵坤	吉林省蛟河市林业局刘家店林场
	《大山里的报春花》	朱海涛	山东省泰安市徂徕山林场
	《蝴蝶公主的现代童话》	黎　明	辽宁省抚顺县林业局
	《多彩的绿色》	尚德琪	甘肃日报社
	《黑龙山的记忆》	赵海玉	河北省张家口市黑龙山林场

（四）“学雷锋 在行动——全国道德模范与身边好人现场交流活动”

2013年6月，由中央文明办主办，山东省省委宣传部、省文明办、淄博市委市政府、中国文明网承办的“学雷锋 在行动——全国道德模范与身边好人现场交流活动”，在山东省淄博市原山林场举办。作为在全国具有重要影响的精神文明交流活动选择原山林场举办，是因为山东省原山林场本身就是践行雷锋精神的先进典型，书记孙建博是全国道德模范提名奖获得者，场长高玉红是本次“中国好人榜”上榜人物。正如中央文明办的一位领导所讲：“在原山举办这个活动最具意义。”

此次全国道德模范与“身边好人”交流活动，不仅是引领社会主义精神文明建设的风向标，也是展现一座城市文明建设的重要窗口。作为全国道德模范和“中国好人”，孙建博经常被邀请参加全国各大城市的交流活动，这次能在淄博本地参加活动，而且放在原山举办，他激动地说：“雷锋精神传承着时代的真善美，是一项符合社会主义价值体系的长久事业。作为一家在党和国家关爱下发展起来的国有林场，原山必须要传承和发扬好这种精神。”

随着原山事业的不断发展，林场人已经将原山精神与雷锋精神自然地融为一体。从1996年至今的17年间，原山林场先后接管、代管了5个困难事业单位，直接安置职工近千人次。以原山青年党员、团员组成的专业防火队，哪里有火情就战斗在哪里，十几年来先后处置森林火警上百次，被老百姓亲切地称为“春雨”。林场职工依托“爱心原山”这个平台，扎扎实实地做了许多扶残助残、奉献社会的实事、好事。近年来，原山先后被授予“全国创先争优先进基层党组织”、“全国五一劳动奖状”、“全国青年文明号”、“全国扶残助残先进集体”、“全国企业文化建设工作先进单位”等荣誉称号。“爱心原山”团队被中宣部确定为“全国学雷锋实践活动重大宣传典型”。由新华出版社出版的《雷锋精神的传承者——孙建博》一书入选全国“践行雷锋精神系列丛书”。为了更好地发扬和传承这些精神，原山还在全国4500多家国有林场中率先建立了艰苦奋斗纪念馆，让人们不断深刻领会好人精神，感受道德力量，为建设美丽中国做出积极贡献。

在原山，学雷锋绝不局限于一般形式上的学习，而是不断转化为具体行动。2013年以来，原山国家森林公园创建淄博首家5A级景区工作迅速启动，逐步形成地区大旅游格局。这对提升淄博旅游产品质量、实现城市发展战略有着重要的意义。同时，按照市委市政府关于支持原山做大做强的要求，包括林业科技示范园在内的投资20亿元的六大项目正在有条不紊地向前推进。集团下属的原山绿化和翰墨缘文化传播两个公司也将于近期上市，为国有林场整体上市奠定了基础。

（五）“美丽广西·清洁林场”活动

2013年，广西壮族自治区为改善国有林场生产生活环境，打造一批星级文明林场，促进生态文明示范区和林业强区建设，在全区国有林场开展“美丽广西·清洁林场”活动。

该活动以“清洁林场”为主题，以清洁办公区、清洁生活区、清洁生产区的“三清洁”及保护绿地、保护生物、保护水体的“三保护”为主线，以自治区直属国有林场为示范，带动市、县林场全面参与，打造良好的生产生活环境，使林场职工共享改革发展成果。截至2013年12月，全区国有林场累计投入专项资金1000多万元，开展清洁整治活动4000多次，清洁道路2500多千米，清理垃圾8万多吨，清洁生活区面积360万平方米，清洁生产区面积770多万平方米，清洁办公区面积60多万平方米。清洁林场活动成效明显，场部卫生状况得到了明显改善。

（六）多渠道宣传国有林场改革发展

2013 年，国家林业局印发“发展国有林场应当成为建设生态文明的重大国家战略——美国公有林管理对我国国有林场改革发展的启示”等三期林业要情，通报国有林场改革发展情况。在《林业经济》2013 年第 4 期，刊登“关于国有林场功能定位的思考”、“发展国有林场场外造林推动区域林业与生态建设”、“国有林场发展战略研究”、“国有林场职工生产生活亟待改善——关于我国国有林场职工生产生活状况的调查”、“国有林场改革实践探索——新疆等六省区市国有林场改革案例”等 5 篇专题研究文章，公开发表国有林场功能定位、场外造林、职工生生活改善、发展战略、改革实践探索等方面的研究成果。答复人大代表、政协委员的提案建议 20 件。

二、先进个人和典型事迹

（一）辽宁省举办国有林场职工自营经济评比活动

2013 年，辽宁省为表彰先进，树立典型，推进国有林场职工自营经济快速发展，林业厅与省总工会已连续共同举办两届国有林场职工自营经济评比活动，共评选出全省国有林场职工自营经济十佳单位 20 个，致富标兵 40 名，先进个人 80 名。石学志同志为第一位被授予省五一劳动奖章荣誉称号，也是全省国有林场职工自营经济工作的一面旗帜。省林业厅在全省国有林场广泛开展了职工自营经济“十佳林场”和“致富标兵”的宣传活动，以典型为榜样，激发国有林场及职工发展自营经济的热情，加快国有林场职工自营经济的发展步伐。

（二）湖北省举办先进典型事迹报告会

2013 年 7 月，湖北省林业厅举行党的群众路线教育实践活动林业基层先进典型事迹报告会。报告会上，湖北省随州大洪山林场场长李成武、恩施市百户湾林场护林员米德顺、咸宁市国有林场管理处前任处长黄柏槐 3 位同志分别作了题为《播绿永不悔》、《热爱林业扎根林场用青春谱写绿色人生》、《绿色情怀映丹心》的报告。李成武是一位名副其实的“林二代”，子承父业，一心扑在林场建设上，着力深化林场改革发展，全心全意为林场职工谋利益；一根木杖、一袋方便面，每次巡山5小时、走6千米山路，这是米德顺的日常工作，他扎根深山、守护绿色、自甘寂寞、默默奉献自己的人生；黄柏槐在40年的林业生涯中，他严格要求自己，经历数个工作岗位仍坚定信念，他几十年如一日在岗位上默默奉献着自己的青春和才智，退休后继续发挥余热，履行一个老党员的义务，为咸宁市国有林场的发展作出力所能及的贡献。整场报告会语言质朴，发自肺腑、感人至深，诠释了林业人的真风采，赢得了阵阵掌声，深深打动了在场的广大干部职工。

（三）北京西山林场被评为“全国文明单位”荣誉称号

2013年6月，北京西山林场获“全国文明单位”的奖牌和证书。自2009年1月被中央精神文明建设指导委员会评为“第四届全国精神文明建设先进单位”以来，西山林场党委积极开展文明单位创建活动，有效地促进了西山林场又好又快地发展。此次获得“全国文明单位”这一称号，是对林场工作的充分肯定。林场以此为契机，珍惜荣誉，发扬成绩，高度重视精神文明建设工作，把精神文明建设与生态文化建设有机融合，做好森林资源的抚育和管理，抓好三大产业、森林公园、基础设施、干部队伍和职工队伍建设，力争创造更好的成绩。

（四）湖南省黄丰桥国有林场喜获“全国绿化模范单位”荣誉称号

2013年，湖南省攸县黄丰桥国有林场被全国绿化委员会授予“全国绿化模范单位”荣誉称号。全国绿化委员会全绿字〔2013〕4号文件认定，攸县黄丰桥国有林场在国土绿化事业中做出了突出成绩，授予“全国绿化模范单位”荣誉称号。这是全国绿化委员会对该场基于重视生态保护、建设绿色林场理念的肯定，也是对其继续大力推进生态文明建设，努力实现人与自然和谐发展的激励与鞭策。

林场负责人表示，将继续以党的十八大精神为指导，按照“绿色湖南”建设的总体部署，充分发挥模范带头作用，坚持科学发展，改善生态环境，以实际行动扎实推进国土绿化事业，为美丽攸县、绿色湖南、美丽中国建设作出新的更大贡献。

（五）湖北省宜昌市大老岭林场荣获“全国工人先锋号”荣誉称号

2013年，湖北省宜昌市大老岭林场被中华全国总工会授予“全国工人先锋号”荣誉称号。大老岭林场地处夷陵区与秭归县、兴山县交界处，森林生态保护面积10万亩，湿地保护面积23万亩，现有在职干部职工38人。多年来，大老岭人发扬“艰苦求索、团结奉献”的精神，以“生态大老岭、活力大老岭、开放大老岭、和谐大老岭”为目标，在生态文明建设推进中，创造了突出业绩，成为全省乃至全国林业系统生态文明建设的一面旗帜。

扎实开展生态保护，实现绿色增长。大老岭实现了连续43年无森林火灾的成绩，森林覆盖率提高到98%，活立木蓄积量上升到48万立方米，每公顷平均活立木蓄积量99.1立方米，高出全省平均水平62.1立方米，远高出全国平均水平15.1立方米。

科学开展生态建设，保障三峡安全。《三峡水利枢纽工程初步设计》、《环境影响评价》将大老岭林场列为重点保护区，国务院三峡办将大老岭确定为三峡库区生物多样性保护基地并整体纳入规划，年度生态项目稳步推进。同时争取并实施三峡库区生物多样性保护项目、大老岭垃圾填埋场项目、饮用水源保护、土地整治项目及一批林业生态建设项目，全面提升了生态保护和修复能力。

注重生态文化建设，丰富生态内涵。大老岭已建成“国家生态文明教育基地”、“全国野生动物保护科普教育基地”、“全国林业科普基地”、“湖北省观鸟基地”，与北京大学、北京林业大学合作创建10个博士工作站、实验站、产学研基地，鸟类环志、碳汇等7类生态监测深入持续开展，为打造全国生态文化教育示范基地奠定了坚实基础。

三、网站建设

（一）中国林场信息网

“中国林场信息网”是国家林业局国有林场官方网站，也是国有林场办公、宣传和交流的门户网。2013年，中国林场信息网在“最新要闻”栏目中刊登有关国有林场改革、基础设施建设、国有贫困林场扶贫等相关信息102条，及时向外界宣传和发布国有林场工作的最新动态；在“地方快讯”栏目中发布全国国有林场的地方信息88条，第一时间发布基层林场的工作、生产实践信息；在“国有林场重大活动专题”专栏中发布信息9条，全面、详实地报道国有林场开展举办的各类重大活动；在“专题报道”专栏中发布信息

4 条，对国有林场改革的推进过程进行全面报道，在贫困林场扶贫中发布信息 2 条，国有林场贫困现状和急需解决的问题进行全面报道；在“通知公告”和“下载专区”合计发布 22 条信息，对交流培训信息、会议通知、林场信息等方面内容进行全面刊登。

（二）青海省首个国有林场网站正式运行

2013 年 3 月，青海省首个国有林场网站“互助土族自治县北山林场网站”（http：//211. 103. 250. 141/gylch/subsite/5554/）正式试运行。北山林场网站的建设可提升林场知名度，提升公众对林场的关注度，也是提升北山林场形象、展示林场发展的最佳平台。

互助县北山林场是青海省森林面积和蓄积较大的天然次生林经营林场，地处互助县东北部，祁连山东端，大通河中下游。林区内资源丰富，分布的植物群系多达 30 多个，目前已定名的高等植物达 1320 种，隶属 117 科 473 属；观赏价值较高的草本植物达 300 余种，其中，龙胆花、杜鹃花、报春花被誉为高原“三大名花”；野生动物近 200 种，列入国家一、二级保护的野生动物共 35 种。北山林区是黄河上游水源涵养林区，是青海省重要的天然生态屏障，在维护全省区域生态方面发挥着不可替代的作用。

四、重要报道

（一）《人民日报》谈国有林场改革

2013 年 8 月 8 日，《人民日报》记者谈到“国有林场不再承担办社会职能”。说国有林场改革是我国林业继集体林权制度改革后的又一项重大改革。8 月 5 日，经国务院同意，国家林业局和国家发改委正式批复了河北、浙江、安徽、江西、山东、湖南和甘肃 7 省国有林场改革试点实施方案，这标志着国有林场改革试点进入了实质性推进阶段。国有林场在我国林业生态建设中作用如何？为什么要进行改革？改革的主要任务是什么？国家林业局有关负责人接受采访说：

1. 国有林场森林面积占全国的 23%

目前全国国有林场达 4855 个，现有职工 75 万人，经营面积 11.5 亿亩，占国土面积的 8%，其中森林面积 6.7 亿亩，森林蓄积量 23.4 亿立方米，分别占全国森林面积和蓄积量的23%和17%。新中国成立以来国有林场累计为国家提供木材3.3亿立方米，森林植被碳储量占全国森林植被总碳储量的1/4以上，建成了全国六成的野生动植物类型自然保护区、九成的森林公园和五成的湿地公园。

2. 国有林场职工人均收入只为全国职工人均收入的1/3

国有林场在职职工人均年收入仅1.4万元，远低于全国城镇企业职工年均工资4.2万元。全国国有林场已累计拖欠职工工资及社会保障近60亿元，分别有10.8万和14.7万在职职工没有参加基本养老保险和基本医疗保险。目前，全国国有林场中贫困林场达3485个，占全国林场总数的72%。截至2013年年底，全国国有林场负债总额579亿元，拖欠的在职职工工资、离退休职工养老金、工程应付款、应上缴的税费、财政周转金及单位之间的各类拆借款等高达205亿元。

3. 理顺管理体制、创新经营机制、完善政策体系、解决遗留问题

2010年8月，根据国务院要求，国有林场和国有林区改革工作小组成立，统筹推进国有林场改革工作。2013年8月，国家批复河北等七省国有林场改革试点方案，其主要任务是明确国有林场功能定位，理顺管理体制，创新经营机制，完善政策体系，解决遗留问题，使国有林场将主要精力集中到森林资源培育上来，充分发挥国有林场在生态建设中的骨干作用，提升优质生态产品的供给保障能力。

为确保改革试点顺利进行，国家发改委和国家林业局在批复中明确要求，省市各有关部门要统筹推进改革试点工作，安排相应的改革配套资金，加强国有林场管理机构建设，安排专项资金解决国有林场道路、供电、管护用房等基础设施落后问题，切实建立起支持国有林场健康发展的长效政策体系。

批复要求切实加强国有林场森林资源管理，严禁超限额采伐林木和各种形式的滥砍滥伐，及时纠正和处理各类违规违法占用林地问题。充分尊重职工意愿，通过多种途径妥善安置国有林场富余职工，逐步消化解决。切实解决好国有林场职工社会保障问题，做到应保尽保。结合本地实际，搞活林场经济，增加职工收入。将国有林场承担的学校、医院整体移交当地政府，国有林场不再承担办社会职能。

（二）《经济日报》全面展示国有林场改革目标及任务

2013年9月6日，《经济日报》记者谈到国有林场改革“1+3”四大改革目标，文章指出：

近日，国有林场和国有林区改革工作小组第三次（扩大）会议在北京召开。会上明确提出，国有林场改革试点以加强生态林保护为核心目标，以改善职工生产生活条件、增强林场自我发展活力、创新林场体制机制管理为重要目标的“1+3”四大改革目标。

此次国有林场改革的主要任务包括科学界定国有林场性质、理顺国有林场管理体制、创新国有林场经营机制和完善政策体系，使国有林场将主要精力集中到森林资源培育上来，充分发挥国有林场在生态建设中的骨干作用，提升优质生态产品的供给保障能力。根据国有林场的主体功能和发挥的主要作用，将公益林比重较高、生态区位重要、生态系统脆弱等地区的国有林场界定为生态公益型林场，少数能够通过市场配置资源的国有林场界定为商品经营型林场。

国家发改委有关领导指出，国有林场森林资源是国家宝贵的公共财产和生态财富，国有林场改革要把加强生态林保护作为核心目标。在国有林场改革期间，首先要解决好林场职工社会保障问题，做到应保尽保，多途径安置国有林场富余职工，充分利用森林资源发展森林旅游、特色养殖、生态食品等特色生态产业，发展多元化经营，开辟就业岗位。加强国有林场基础设施建设，切实改善林场职工生产生活条件。

其次，要加强对森林资源的监管。一方面，要创新生态林的管护机制，生态公益型林场按事业单位管理，并从严从紧核定事业编制，人员经费和机构经费纳入财政预算；另一方面，要建立国家所有、省级管理、林场保护与经营的国有林场森林资源管理体制，探索国家、省、市、县的分级监管模式，明确各级政府的责任、权利，调动地方政府保护森林的积极性，增强林场自我发展活力。

同时，要创新林场体制机制管理，积极引入市场机制，探索政府购买服务机制。此外，生态林保护在一定程度上要实行终身负责制，要强化生态林保护责任机制，严禁超规格采伐和各种形式的乱砍滥伐，及时处理各类违规违法占用、侵占、调拨林地问题。

财政部农业司有关领导指出，中央财政将在5个方面全力支持国有林场改革：一是对国有林场职工参加社会保险和林场分离办社会职能予以补助。二是对国有林场国家级公益林管护予以补助，目前补助标准是每亩每年5元，今后将逐步提高补助标准。三是对国有林场造林、森林抚育予以补助。四是明确要求各地将生态公益型林场人员和机构纳入财政预算管理。五是支持国有林场发展森林旅游、林下经济等特色生态产业。

国家林业局有关领导表示，7省改革试点方案批复后，国有林场改革已经进入实质攻坚阶段。改革工作小组将对试点省国有林场改革情况进行调研督导，研究制定国有林场岗位设置管理、财务管理、减免国有林场金融债务等配套政策，并根据各地国有林场改革进展情况进一步扩大试点范围。

（三）《中国绿色时报》聚焦浙江省国有林场改革之保障

2013年12月13日头版，《中国绿色时报》谈及林场改革，职工离幸福有多远？聚焦浙江国有林场改革发展。

“不能再让林场职工为了生计而奔波”。这是浙江各大国有林场领头人的心声，而他们是怎么一步一步完成的呢？

1. 稳定人心：从最直接、最现实的问题入手

2008年，浙江省政府下达的32号文件明确要求，多渠道筹集资金，妥善处理国有林场职工未参加城镇职工基本养老保险、困难职工欠缴养老保险费以及职工基本医疗、失业、工伤、生育保险等遗留问题。

如今，浙江部分地区通过盘活资产和财政补助等方式，补齐了拖欠的工资和养老金等社会保险，全省国有林场正式职工的社会统筹问题也已得到妥善解决。部分定性后林场收入有了大幅度的提高，职工的精神面貌有了大幅改善，林场的凝聚力大大增强。

2. 温暖人心：老有所依、老有所养、老有所乐

2013年，在莲都区林业局和莲都林场的多方促进下，莲都林场所有退休职工全部移交至社保中心管理，按规定享受退休费和生活补助费。退休职工的养老金从每月1600元提高到了4100元。

现如今，浙江省国有林场离退休职工达6983人，大部分林场退休工资已移交至当地社保中心支付，部分林场退休人员的政策性补贴列入了财政预算。随着改革的深入，这一比例还将逐步扩大。

3. 点燃信心：政策不比农村少、条件更比农村好

2008年，《浙江省国有林场基础设施建设规划》的出台打破了沉寂，浙江加大政策支持力度，计划从2008年至2020年累计投资8.9亿元用于林场基础设施建设。各地和有关部门也将林场纳入到“新农村建设”、“山区经济

发展”等工程之中，让林场享受到了与周边农村同等的扶持政策。

如今，全省已经完成投资3.4亿元，大部分国有林场面貌焕然一新。山里的管护员用上了自来水、看上了电视，有些管护站还安装上了太阳能，厨房、卫生间一应俱全，就像是建在山间林中的小别墅。

每个人都在向往幸福的生活，浙江省勇于改革创新，让国有林场的职工尝到了幸福的滋味。

（四）《中国绿色时报》聚焦浙江省国有林场改革之体制

作为国家生态建设的主力部队之一，应如何发挥国有林场的生态保障作用？浙江省创新改革，面对经济社会发展与日俱增的需求，在国家政策尚未出台之前，就先行先试，政府花钱买生态，以将林场定性为事业单位、实行财政补助主基调的思路，撬动了国有林场的改革，2013年12月6日，《中国绿色时报》记者采访了许多国有林场场长、职工，他们深有体会地说，这一决策破解了制约国有林场发展的根本性难题，通过深化改革，林场轻装前进。

1. 转型发展，改革步步深入

根据国家关于国有林场改革试点的指导意见和浙江省《关于加快推进现代国有农林渔场建设的若干意见》（浙政发〔2008〕32号），浙江省积极谋划，将生态公益林比重特别大、不宜由市场配置资源的事业性质国有林场，确定为公益一类；将生态公益林比重较大、可部分由市场配置资源的事业性质国有林场，确定为公益二类；在确保财政供养人员只减不增的前提下，主要依据国有林场生态公益林面积、区域分布来合理核定人员编制，并通过政府购买服务等方式予以支持。

2. 难点破解，人到哪里去

改革中，如何妥善安置所有人员？

改革方案制订之前，排查与交心是工作重点。各林场与所在地政府广泛征求职工意见，对职工进行思想疏通、释疑解惑，对改革中涉及的相关事项进行全面排摸和调查了解，特别是对职工思想动态进行了摸底分析，对可能列入提前退休、临时工等分流人员的心理状态进行认真调查研究，采取交流谈心、支部活动等多种形式，使他们放下思想包袱，以平和的心态对待改革。

改革方案制定后，执行是关键。各林场坚持做到依法操作、民主操作、阳光操作、严格规范程序。

3. 改革成本，钱从哪里来

改革中，资金支持从哪里来？

争取政策支持是推进林场改革的关键所在，为筹措改革资金，一是盘活国有林场存量资产，通过处置部分存量资产盘活资金，盘活后的资金支付改制费用，优先用于职工退休后的单位负担费用；二是区政府安排国有林场改革补助资金，重点解决国有林场拖欠的一些历史遗留问题；三是区级财政配套，区政府明确将林场项目建设的经费配套，纳入区财政预算范畴。同时，区财政对国有林场的日常保障经费由每年6.4万元，增加到每年106.6万元。

依照政策，采取财政负担、资本运作、资产处置等不同方式，各林场主动筹集改革所需资金，赢在了起跑线上。

（五）《中国绿色时报》综合谈论浙江省国有林场改革

“有为才有位”。2013年12月，《中国绿色时报》记者先后走访了正江山林场、苍南林场、开化林场……听到的这一高频词让记者十分感叹。由于全省的主动作为，开始于2008年的浙江省国有林场全面改革推进得风生水起，已有所成效，2013年全国启动试点工作，浙江省先行先试、不等不靠、主动作为。

1. “国有林场的发展好像一支股票”

浙江省国有林场的发展史，同全国一样，具有起起落落的“悲壮”色彩。按浙江省林业厅相关负责人的说法：“发展进程就像一支股票，有牛市，有熊市，有筑底，终有抬头。”

60多年前，成就了一段“牛市”，但世纪之交，外部环境巨变，走入了“熊市”，守着青山绿水却过起了穷日子，开始了首次改革，但当时整个社会对林业的生态价值没有深刻认识，林场跳出林业办林业，非林资产没有带来回报，反成负担；加之各级财政对国有林场的支持力度减弱，木材价格疲软，社会居民收入较快增长等，国有林场经济陷入困境，进入“筑底”的最低落阶段。

2003年，《中共中央国务院关于加快林业发展的决定》为改革指明了方向：政府花钱买生态，把国有林场确定为公益性事业单位。浙江省先人一步，开始了积极的行动。2008年，浙江省出台《关于加快推进现代国有农林渔场建设的若干意见》（浙政发〔2008〕32号），对国有林场的定性定位、编制经费、管理体制、社会保障等作了具体规定。政策落实后由自收自支事业单位改革为公益二类事业单位，涉及的171人都得到妥善安置，工资福利大幅提高。”职工们高兴地说：“我们造林人也分享到了改革红利。”这就有了“抬头”之势。

2. “解决问题须上升到法制高度”

截至2013年年底，浙江国有林场森林覆盖率达91%，生态公益林占林业用地面积的79.8%，职工们都会自豪地说：“我们是造林绿化的正规部队”。

浙江省国有林场改革先行一步、政策到位，释放了“双增”潜力，促进了绿色发展。“在土地快速增值和资源日益紧缺的当下，我们对全省国有林场改革的重点是，加强森林资源监管”，“特别是省政府从法律法规层面加大了约束力度，避免历史重演，确保森林资源资产不流失和免遭破坏，夯实了国有林场生存和发展的根基”。2004年浙江省人大修订的《浙江省森林管理条例》中明确，“国有林场的设立、变更、撤销或者改变隶属关系，应当由所在地市、县林业行政主管部门提出，经同级人民政府签署意见后，报省林业行政主管部门批准”。

3. “改革再出发”

5年改革，浙江省国有林场伴随着一系列实质性的行动，逐步走出困境。

浙江省林业厅、财政厅、交通厅联合对国有林区护林房、生产用房、道路和电力等基础设施进行了规划和建设。规划总投资8.9亿元，前5年已经完成投资3.4亿元。采用新建和修建相结合的方式，改造了5000多户危旧住房，极大地改善了林场职工的生产生活条件。

根据32号文件要求，各地多渠道筹集资金，妥善处理国有林场职工的社会保障问题。平阳县政府筹集资金，补交了林场职工的医疗保险经费198.8万元，偿还历史债务351.5万元。青田县财政一次性补交703万元，解决退休职工至75岁的统筹外补贴。经过努力争取，全省国有林场正式职工的社会保障问题得到较好解决，65%的国有林场退休职工的生活补贴列入了社会保障体系。

伴随着全国国有林场改革试点进入实质推进阶段，被列入国家试点的浙江省国有林场改革再次出发，他们将用以往的实践进一步诠释对保护利用森林资源、增强国有林场发展后劲的自信。

（六）《人民日报》谈国家花钱买生态，但不养懒汉

国有林场该试点进入实质性推进阶段，国家花钱买生态，很多国有林场吃上了“财政饭”。但“财政饭”不养懒汉，林业生态建设的“国家队”，应进一步深化改革增活力，为生态文明建设做出更大贡献

在改革试点中，很多国有林场由自收自支的企事业单位转制为公益性事业单位。林场人的苦日子终于熬出了头。长期以来，他们为国家生态建设做出巨大贡献的同时，却过着非常艰苦的日子：工作在深郊野外，住的是危旧工房，经常不能按时足额领到工资，很多年轻人找不到对象。这些年，国家日益重视生态文明建设，花钱买生态，逐步补上了对他们的历史欠账，“管起”了他们的生活。

但不好的苗头也开始出现。“看好林子管好防火，维持日常运转”，“现在过一般日子没问题，国有林场生态优先，要过更好日子盼头也不大”，一些林场干部职工开始出现得过且过思想。

对此，要引起充分重视。国有林场追求生态效益最大化没错，但简单地理解为看护好林子不起火，显然片面。生态效益最大化，简单一句话，需要做、能做的工作有很多。比如，如何进一步提高森林蓄积量？如何提升林场生态功能？这里面，就可以做大量科研攻关、优化树种等工作。再比如，林场如何更好满足人民群众日益增长的亲近自然、消费绿色林特产品等生态需求？这其中，发展林下经济，开发森林旅游等，都大有文章可做。

国有林场职工的生活也不是没有盼头，通过努力，更好的日子还在后头。作为林业生态建设的“国家队”，国有林场有明显的技术管理和人才优势，这些优势转化为经济效益，大有潜力。比如集体林权制度改革后，林农对技术服务的需求很是迫切，通过场农合作，国有林场输出技术服务，空间就不小。

要遏制国有林场吃上“财政饭”后守成不上进的苗头，充分激发发展活力，关键还要靠进一步深化改革，创新体制机制。国有林场改革试点“1 + 3”的系统目标里对此也加以明确：除了加强生态林保护这个核心目标，改善职工生产生活条件、增强林场自我发展活力、创新林场体制机制管理也是改革的3个重要目标。

对此，很多试点改革的国有林场在进一步思考。很多国有林场在探索，如何更好实行目标管理、绩效考核，尽快解决“干好干坏一个样”。一些有

商品林和非林资产的国有林场在积极探索，如何更好引入市场机制，让这些资源效益最大化。一些定性为公益一类事业单位的国有林场提出，根据现行政策，林场经费财政全额保障，经营收入就要全部上缴财政。为切实调动林场积极性，国家能否将林场上缴的经营性收入按比例返还……

吃上“财政饭”，让国有林场逐步走出了困境，但更好发挥林业生态建设的骨干作用，需要国有林场不安于现状，进一步通过改革增强活力。林业生态建设的主力军，生态文明建设需要你们做出更大的贡献！

第八章　合作交流与行业协会

2013年，国有林场加强合作与交流，出台《国有林场场级干部挂职锻炼管理办法》，加强场级干部交流学习；举办国有林场年会活动及研讨会，加强协会建设与发展，促进会员联系，相互借鉴和交流合作。进一步活跃了国有林场建设发展和改革的氛围，扩大了全国国有林场一盘棋，相互影响、彼此借鉴、共同发展的新局面。

一、合作交流

（一）场级干部挂职锻炼、加强交流学习

2013年，国有林场场级干部挂职锻炼工作得到加强，主要从以下三个方面得到着力推进：一是经中国林场协会三届三次常务理事会审议通过，出台了《国有林场场级干部挂职锻炼管理办法》，对挂职交流的各个环节做出了具体规定，规范管理，明确要求，指导这一活动更好地开展。二是新推出了山东省淄博市原山林场等17个挂职林场，使2013年挂职锻炼人员可选择的接收林场达到40个。三是精心组织，周密部署，统筹衔接，抓好落实。2013年4月，协会发函对场级干部挂职锻炼工作做出部署，分省、区提出了选派挂职锻炼人员的指导性计划。协会秘书处加强了与各省级林场主管部门的沟通联系，并与接收林场反复进行对接，落实参加挂职锻炼人员和具体接收林场。

总体上看，2013年场级干部挂职锻炼工作得到明显加强，实际参加挂职锻炼的人数达90人，比2012年的54人增长了2/3，增加人数之多、增长比例之高，是场级干部挂职锻炼工作开展以来的第一次。尤其是江西、新疆、

河南、重庆、山西、河北、宁夏7个省（自治区、直辖市）对这一工作高度重视，精心组织，统筹安排，狠抓落实，超计划完成任务；广西林朵林场、高峰林场、七坡林场，山东原山林场、寿光机械林场、大沙洼林场，河北塞罕坝机械林场、江苏虞山林场、浙江开化县林场、福建五一林场等接收林场克服各种困难，积极创造条件，无私奉献、不求回报，连续多年坚持无偿接收挂职锻炼人员，为做好国有林场场级干部挂职锻炼工作做出了重要贡献。

（二）国有林场年会活动作用显著

2013年，国家林业局场圃总站四个片区国有林场年会深入学习贯彻党的十八大精神，紧紧围绕国家林业局确定的林业发展思路，紧密结合当前国有林场重点工作组织座谈研讨，交流工作经验，提出改革政策建议。年会活动为加强会员联系，相互借鉴学习，促进交流合作搭建了良好的平台，也为各地了解国有林场改革发展动态，研究和推动工作发挥了重要作用。一年来，参加年会的总人数达到300余人次，其中：省级林业主管部门分管国有林场工作的厅局领导13人、省市县三级国有林场主管部门负责同志51人、会员林场代表210人、林场信息联络员28人。在4个片区年会上，28个典型林场代表进行了大会交流，介绍了各自在推进国有林场改革、加强森林经营、做好危旧房改造工作、规范林场管理、发展林业产业等方面做的工作和取得的经验，对进一步做好国有林场工作具有很好的借鉴意义。

国家林业局场圃总站领导出席会议，及时通报国有林场改革最新动态及改革试点进展情况，对下一步的工作进行部署、明确要求，有助于各级林场主管部门和会员单位了解国有林场改革动态、掌握改革思路和政策取向，进而推动改革的顺利实施；组织开展国有林场改革、立法、场外造林等专题研讨，广泛听取各方面的意见和建议，推动了行业重点工作的开展；协会秘书处向与会代表通报了2013年协会各项工作开展情况，促进了协会与会员之间、会员与会员之间的交流。

（三）中日技术合作

2013年7月，中日技术合作中国西部地区林业人才培养项目："西部地区国有林场改革与森林资源管理研讨会"在内蒙古自治区赤峰市召开。本次会议是在中日技术合作中国西部地区林业人才培养项目的支持下，为了提高国有林场管理人员业务能力、促进西部地区国有林场发展，经中日双方协商后召开的。会议代表集体考察了赤峰市黑里河林场发展林木种苗和森林旅游的进展情况；室内研讨中，国家林业局场圃总站相关领导介绍了国有林场改革与国有森林资源管理；日本林野厅国有林野部管理课间岛重道先生介绍了日本国有林管理体制和改革历程；同时，中日专家接受了会议代表的提问。来自山西、广西、山东、甘肃、河北和广东的国有林场管理人员就国有林场护林房建设、国有林场改革发展、森林经营和产业发展等问题作了专题发言和深入研讨，对国有林场下一步的改革和发展奠定了基础。

（四）组织赴德国国有林管理培训团

2013 年 11 月，国家林业局场圃总站组织山西、福建、江西、湖南、广西、贵州、陕西等省（自治区）林业厅国有林场管理机构以及直属国有林场有关人员组成的赴德国国有林保护与管理培训团。通过培训认识到，德国国有林管理职能在州一级主要有“政企分开”的垂直管理模式和“政企合一”的垂直管理模式；实行预算制资金管理，收支两条线，盈亏由州财政承担；德国国有林管理人员属国家公务员，且具有森林执法权。我国在国有林场管理方面的借鉴与建议是，理顺国有林场管理体制；实行国有林场行政管理和经营企业剥离；科学核定国有林场管理人员编制，将国有林场作为行政机构纳入行政序列，相关院校实行定向培育，提升国有林场管理队伍的整体素质。

（五）调研工作深入扎实

2013 年，围绕着国有林场重点工作，国家林业局场圃总站组织开展了国有林场改革试点、场外发展林业两个专题调研，同时对国有林场森林经营、危旧房改造进行了面上调研，了解情况，研究问题，听取建议。国有林场改革试点情况调研，全面深入了解了 7 个试点省的总体情况。工作组先后深入到 17 个市 28 个县的 31 个国有林场，听取省、市、县有关国有林场改革试点情况的介绍，召开座谈会 10 余次，就国有林场改革的总体思路、定性定位、重点难点以及相关配套政策等重大问题进行了深入的研究探讨，并形成了《关于国有林场改革试点情况的调查报告》。

报告全面反映了各试点省林场改革动态和进展情况，归纳了改革主要做法和典型实例，分析了当前林场改革中存在的认识不到位，改革难推进；缺少总体设计，改革政策随意性大；后续政策不明朗，林场发展仍将困难等主要问题。提出了做好深入细致的工作，确保改革试点取得实效；准确把握国

有林场的功能定位，制定与其特点相适应的未来发展的基本政策；分类做好人员安置工作，保持职工队伍的基本稳定；认真研究林场职工社保问题，保障职工的合法权益；彻底解决历史遗留问题，为林场集中精力培育管护森林资源提供保障；充分发挥特有优势，鼓励和支持国有林场发展绿色生态产业等方面的政策建议，得到了国家林业局相关领导的认可和重要批示。

国有林场场外发展林业调研，协会组成工作组先后深入到山东、山西、甘肃、广西、贵州、湖南6省（区），对国有林场通过租地造林、购地造林、联营造林、合作造林、购买公益林以及新建林场造林等多种形式，在场外发展林业、扩大森林资源的情况进行了深入调研，形成了《关于国有林场场外发展林业推动区域林业和生态建设的调查报告》上报国务院和国家林业局领导。得到国务院总理、副总理等领导同志的重要批示，国家林业局党组提出贯彻落实中央领导同志批示的具体要求和重要指示。

二、行业协会

（一）协会的“窗口作用”日益凸显

2013年，林场协会为了抓好林场信息的宣传工作，建立稳定的信息提供渠道，及时、准确、全面宣传林场工作动态，特别是更多地宣传基层林场的建设成就、工作做法和经验，进一步办好《林场信息》专刊，协会组织成立了林场信息员队伍，扩大了信息渠道，增加了信息来源，同时不断加强和改进《林场信息》的设计、编辑工作。2013年共编辑发行《林场信息》15期，每期700份，发送到省级林场主管部门和会员单位。《林场信息》涵盖国有林场的森林资源保护与利用、经营管理、改革发展、产业发展、基础设施建设、贫困林场扶贫、职工队伍建设等林场工作的全部内容。

（二）协会的建设发展

1. 稳步发展新会员

不断改进协会工作，认真组织会员活动、反映会员诉求、提供咨询服务，巩固协会工作的基础上抓好会员发展工作。秘书处充分利用参加会议、调研等机会，通过多种形式宣传协会，让基层林场更多地了解协会宗旨，积极吸纳新会员入会。截至2013年年底，单位会员总数达到542个。

2. 加强协会自身建设

加强组织机构建设，根据工作需要和人员变化情况，对已不在原岗位工作的理事、常务理事、副会长及时进行了增补。加强秘书处建设，充实了人员，增添了力量。为增补理事、常务理事、副会长发放证书，为新发展的会员单位发放了《中国林场协会单位会员证书》。此外，完成了2012年协会年检工作，年检连续两年为合格档次。

（三）各省分会情况

1. 江西省林场协会召开三届四次理事会议

2013年4月，江西省林场协会三届四次理事会议在南昌召开。会议传达了中国林场协会三届三次常务理事会暨国有林场工作座谈会精神，讨论通过了《江西省林场协会第四次会员代表大会筹备工作方案》，交流了国有林场改革发展工作经验。

会议认为，2013年是国有林场改革发展的关键一年，省林场协会作为政府与林场沟通的桥梁和纽带，应继续为推进国有林场改革发展、做大林场产业，做好调研和建言献策工作，提出有利于现代林业建设和国有林场改革发展的建议和意见。要积极探索，开拓创新，通过多种形式，为林场与林场、林场与有关企事业单位、林场与国外相关行业之间开展经济、技术合作与交流牵线搭桥。要注重加强协会自身能力建设，提升服务能力，把协会打造成为会员更加拥护、社会更加信赖、政府更加放心的社团组织，为建设富裕和谐秀美江西做出重要贡献。

2. 吉林省成立林场协会

2013年1月，吉林省林场协会成立，旨在通过全省各行业、各部门、各种所有制的林场有机联合起来，进一步发挥林场在林业建设中的示范带动作用。中国林场协会、吉林省林业厅有关领导参加协会成立大会并致辞，对协会的成立给予充分肯定，并提出了希望和要求。

成立吉林省林场协会，是吉林省林场发展史上的一件大事，是全省300多个国有林场和50多个集体及非公有制林场的喜事。林场协会将在贯彻执行国家关于林业建设和发展的各项方针、政策，协助政府主管部门研究做好林场管理工作，维护林场合法权益、加强协作交流等方面发挥重要的桥梁和纽带作用，为促进吉林省各类林场全面发展，提高林场生产建设和经营的整体水平，为发展现代林业、建设生态文明做出更大的贡献。

附　　录

一、全国国有林场名录

北京市（共34个）

1. 北京市西山试验林场
2. 北京市十三陵林场
3. 北京市八达岭林场
4. 北京市双青联合林场
5. 北京市松山林场
6. 北京市密云水库林场
7. 北京市矿务局林场
8. 北京市九龙山林场
9. 北京市妙峰山林场
10. 门头沟区百花山林场
11. 门头沟区小龙门林场
12. 门头沟区清水林场
13. 门头沟区马栏林场
14. 门头沟区西峰寺林场
15. 密云县白龙潭林场
16. 密云县雾灵山林场
17. 密云县云蒙山林场
18. 密云县五座楼林场
19. 密云县锥峰山林场
20. 密云县潮白河林场
21. 密云县荆子峪林场
22. 怀柔区喇叭沟门林场
23. 怀柔区北台上林场
24. 怀柔区雁栖林场
25. 顺义区北大沟林场
26. 通州区林场
27. 大兴区林场
28. 大兴区六合庄林场
29. 延庆县康庄林场
30. 平谷区丫吉山林场
31. 平谷区四座楼林场
32. 平谷区海子水库林场
33. 房山区上方山林场
34. 房山区周口店林场

天津市（共1个）

1. 天津市蓟县国营林场

河北省（共140个）

1. 张家口市林场
2. 张家口市宣化区庞家堡林场

3. 宣化县黄羊滩林场
4. 张北县中心林场
5. 张北县坝头林场
6. 康保县屯垦林场
7. 沽源县平定堡林场
8. 沽源县老掌沟林场
9. 尚义县北石堺林场
10. 尚义县南壕堑林场
11. 阳原县开阳滩林场
12. 怀安县金沙滩林场
13. 怀安县灵官庙林场
14. 万全县万全林场
15. 怀来县官厅林场
16. 涿鹿县岔道林场
17. 赤城县黑龙山林场
18. 赤城县剪子岭林场
19. 崇礼县和平林场
20. 滦平林场管理处拉海岭林场
21. 滦平林场管理处于营子林场
22. 滦平林场管理处虎什哈林场
23. 滦平林场管理处巴克什营林场
24. 滦平林场管理处金沟屯林场
25. 滦平林场管理处老虎沟林场
26. 承德市狮子沟林场
27. 承德市双滦区金厂沟林场
28. 承德县北大山林场
29. 承德县五道河林场
30. 承德县红旗林场
31. 承德县南甲山林场
32. 承德县双丰寺林场
33. 兴隆县寿王坟林场
34. 兴隆县五指山林场
35. 兴隆县獐帽山林场
36. 兴隆县前苇塘林场
37. 兴隆县六里坪林场
38. 兴隆县牛金洞林场
39. 平泉县宋营子林场
40. 平泉县大窝铺林场
41. 平泉县黄土梁林场
42. 平泉县前卫林场
43. 平泉县七沟林场
44. 平泉县大石湖林场
45. 平泉县打鹿沟林场
46. 滦平县靳家沟林场
47. 宽城县冰沟林场
48. 宽城县造字岭林场
49. 隆化县南阳林场
50. 隆化县碱房林场
51. 隆化县孙家营林场
52. 隆化县郭家屯林场
53. 隆化县张三营林场
54. 隆化县茅荆坝林场
55. 隆化县苏木营林场
56. 隆化县徐八屋林场
57. 隆化县旧屯林场
58. 隆化县十八里汰林场
59. 丰宁县草原林场
60. 丰宁县平沟门林场
61. 丰宁县四岔口林场
62. 丰宁县大滩林场
63. 丰宁县黄花岭林场
64. 丰宁县平顶山林场
65. 丰宁县邓栅子林场
66. 丰宁县王营林场
67. 丰宁县云雾山林场
68. 丰宁县富贵山林场
69. 丰宁县两间房林场
70. 秦皇岛市海滨林场

71. 秦皇皇市山海关区山海关林场
72. 抚宁县渤海林场
73. 青龙县都山林场
74. 青龙县祖山林场
75. 昌黎县团林林场
76. 丰润县腰岱山林场
77. 滦县青龙山林场
78. 滦县茨榆柁林场
79. 滦南县滦南林场
80. 乐亭县姜各庄林场
81. 乐亭县翔云岛林场
82. 迁西县大峪林场
83. 遵化东陵林场
84. 丰南市钱营林场
85. 涞水县桑园涧林场
86. 涞水县赵各庄林场
87. 阜平县驼梁山林场
88. 阜平县城南庄林场
89. 阜平县东风林场
90. 唐县大茂山林场
91. 涞源县白石山林场
92. 涞源县甸子梁林场
93. 易县解村林场
94. 易县狼牙山林场
95. 易县白马林场
96. 易县黄土台林场
97. 易县河西林场
98. 易县桥家河林场
99. 易县蔡家峪林场
100. 满城县六盘山林场
101. 井陉县辛庄林场
102. 井陉县南寺掌林场
103. 鹿泉市郄庄林场
104. 正定县滹沱河林场
105. 平山县前大地林场
106. 灵寿县漫山林场
107. 灵寿县桑树沟林场
108. 赞皇县虎宅口林场
109. 故城县里老林场
110. 沙河市沙河林场
111. 沙河市老爷山生态林场
112. 邢台县长信林场
113. 隆尧县隆尧林场
114. 邯郸市漳河林场
115. 成安县商城林场
116. 大名县卫东林场
117. 涉县偏城林场
118. 磁县吴庄林场
119. 永年县永北林场
120. 邱县邱城林场
121. 木兰林管局四合永林场
122. 木兰林管局新丰林场
123. 木兰林管局克勒沟林场
124. 木兰林管局八英庄林场
125. 木兰林管局龙头山林场
126. 木兰林管局北沟林场
127. 木兰林管局山湾子林场
128. 木兰林管局燕格柏林场
129. 木兰林管局桃山林场
130. 木兰林管局孟滦林场
131. 塞罕坝机械林场总场大唤起林场
132. 塞罕坝机械林场总场第三乡林场
133. 塞罕坝机械林场总场阴河林场
134. 塞罕坝机械林场总场北曼甸林场
135. 塞罕坝机械林场总场千层板林场
136. 塞罕坝机械林场总场三道河口林场

137. 河北省林木良繁场西陵林场
138. 小五台保护区王喜洞林场
139. 南宫林场
140. 河北农业大学实验林场

山西省（共241个）

1. 大同市十里河林场
2. 大同市恒山林场
3. 大同市长城山林场
4. 大同市桦林背林场
5. 天镇县林场
6. 灵丘县林场
7. 广灵县白羊峪林场
8. 左云县西山林场
9. 怀仁县洪涛山林场
10. 应县林场
11. 山阴县林场
12. 朔州市平鲁区井坪梁林场
13. 朔州市朔城区莲花山林场
14. 偏关县林场
15. 偏关县万家寨林场
16. 河曲县阴山林场
17. 河曲县菜水湾林场
18. 保德县五楼沟林场
19. 保德县三山林场
20. 神池县义井林场
21. 五寨县张家坪林场
22. 岢岚县三井林场
23. 岢岚县土寨林场
24. 岢岚县宋家沟林场
25. 宁武县长方山林场
26. 静乐县康家会林场
27. 繁峙县辛庄林场
28. 五台县五台山林场
29. 代县滩上林场
30. 定襄县林场
31. 原平市林场
32. 忻州市忻府区滹沱河林场
33. 忻州市忻府区云中山林场
34. 忻州市忻府区五峰山林场
35. 阳曲县东山林场
36. 阳曲县西山林场
37. 古交市阁上林场
38. 娄烦县汾河林场
39. 太原市林场
40. 寿阳县罕山林场
41. 寿阳县方山林场
42. 晋中市榆次区乌金山林场
43. 晋中市榆次区庆城林场
44. 昔阳县东风林场
45. 昔阳县碧霞观林场
46. 和顺县万山林场
47. 左权县林场
48. 榆社县林场
49. 太谷县林场
50. 祁县林场
51. 平遥县超山林场
52. 灵石县林场
53. 平定县林场
54. 盂县林场
55. 阳泉市狮垴山林场
56. 兴县恶虎滩林场
57. 兴县大渡山林场
58. 临县紫金山林场
59. 方山县胡堡林场
60. 离石市工农山林场

61. 柳林县梁家山林场
62. 中阳县韩尾沟林场
63. 石楼县介莫林场
64. 交城县青沿林场
65. 交城县石壁林场
66. 文水县大陵山林场
67. 汾阳市向阳林场
68. 孝义市大石洞林场
69. 交口县峪岸坪林场
70. 陵川县第一山林场
71. 陵川县西闸水林场
72. 高平市董峰林场
73. 泽州县伊侯山林场
74. 沁水县大尖山林场
75. 阳城县阳陵林场
76. 安泽县良马林场
77. 安泽县府城林场
78. 安泽县兰村林场
79. 古县林场
80. 浮山县林场
81. 翼城县林场
82. 侯马市林场
83. 汾西县要家岭林场
84. 洪洞县三交林场
85. 临汾市尧都区一平垣林场
86. 永和县林场
87. 隰县青龙山林场
88. 大宁县林场
89. 蒲县林场
90. 吉县红旗林场
91. 乡宁县石景山林场
92. 沁源县林场
93. 沁县漳源林场
94. 沁县檀山林场
95. 沁县瓮城山林场
96. 武乡县义门林场
97. 武乡县石门林场
98. 黎城县南委泉林场
99. 黎城县东阳关林场
100. 襄垣县老爷岭林场
101. 屯留县老爷山林场
102. 屯留县宜神岭林场
103. 屯留县吴寨林场
104. 长子县发鸠山林场
105. 潞城市林场
106. 平顺县林场
107. 长治县雄山林场
108. 壶关县树掌林场
109. 长治市郊区老顶山林场
110. 稷山县林场
111. 河津市林场
112. 万荣县林场
113. 闻喜县林场
114. 绛县烟庄林场
115. 垣曲县林场
116. 夏县林场
117. 平陆县林场
118. 运城市盐湖区解州林场
119. 运城市永济市林场
120. 运城市芮城县林场
121. 山西省林业技术职业学院实验林场
122. 桑干河杨树丰产林实验局九梁洼林场
123. 桑干河杨树丰产林实验局梁家油坊林场
124. 桑干河杨树丰产林实验局落阵营林场

125. 桑干河杨树丰产林实验局五旗林场
126. 桑干河杨树丰产林实验局薛家庄林场
127. 桑干河杨树丰产林实验局金沙滩林场
128. 桑干河杨树丰产林实验局御河林场
129. 桑干河杨树丰产林实验局云西林场
130. 管涔山国有林管理局接官亭林场
131. 管涔山国有林管理局马家庄林场
132. 管涔山国有林管理局怀道林场
133. 管涔山国有林管理局山丛林林场
134. 管涔山国有林管理局阎家村林场
135. 管涔山国有林管理局羊圈沟林场
136. 管涔山国有林管理局水门林场
137. 管涔山国有林管理局杜家村林场
138. 管涔山国有林管理局轩岗林场
139. 管涔山国有林管理局高桥洼林场
140. 管涔山国有林管理局秋千沟林场
141. 管涔山国有林管理局大石洞林场
142. 管涔山国有林管理局杏岭子林场
143. 管涔山国有林管理局温泉林场
144. 五台山国有林管理局豆村林场
145. 五台山国有林管理局庄旺林场
146. 五台山国有林管理局雁门关林场
147. 五台山国有林管理局门限石林场
148. 五台山国有林管理局宽滩林场
149. 五台山国有林管理局伯强林场
150. 五台山国有林管理局金岗库林场
151. 五台山国有林管理局王庄堡林场
152. 五台山国有林管理局峪口林场
153. 五台山国有林管理局上寨林场
154. 五台山国有林管理局枣林林场
155. 黑茶山国有林管理局中寨林场
156. 黑茶山国有林管理局河口林场
157. 黑茶山国有林管理局石桥林场
158. 黑茶山国有林管理局城庄沟林场
159. 黑茶山国有林管理局南阳山林场
160. 黑茶山国有林管理局野鸡山林场
161. 黑茶山国有林管理局东会林场
162. 黑茶山国有林管理局魏家滩林场
163. 黑茶山国有林管理局交楼申林场
164. 黑茶山国有林管理局马坊林场
165. 关帝山国有林管理局原平川林场
166. 关帝山国有林管理局千年林场
167. 关帝山国有林管理局枝柯林场

168. 关帝山国有林管理局屯兰川林场
169. 关帝山国有林管理局三道川林场
170. 关帝山国有林管理局吴城林场
171. 关帝山国有林管理局白虎岭林场
172. 关帝山国有林管理局真武山林场
173. 关帝山国有林管理局南海滩林场
174. 关帝山国有林管理局阳圪台林场
175. 关帝山国有林管理局孝文山林场
176. 关帝山国有林管理局西冶川林场
177. 关帝山国有林管理局云顶山林场
178. 关帝山国有林管理局双家寨林场
179. 关帝山国有林管理局西葫芦林场
180. 关帝山国有林管理局文峪河林场
181. 关帝山国有林管理局二道川林场
182. 关帝山国有林管理局东葫芦林场
183. 关帝山国有林管理局龙兴林场
184. 太行山国有林管理局铁桥林场
185. 太行山国有林管理局坪松林场
186. 太行山国有林管理局王景林场
187. 太行山国有林管理局营盘林场
188. 太行山国有林管理局禅堂寺林场
189. 太行山国有林管理局石源林场
190. 太行山国有林管理局海眼寺林场
191. 太岳山国有林管理局赤石桥林场
192. 太岳山国有林管理局伏牛山林场
193. 太岳山国有林管理局北平林场
194. 太岳山国有林管理局兴唐寺林场
195. 太岳山国有林管理局绵山林场
196. 太岳山国有林管理局介庙林场
197. 太岳山国有林管理局七里峪林场
198. 太岳山国有林管理局石膏山林场
199. 太岳山国有林管理局将台林场
200. 太岳山国有林管理局王陶林场
201. 太岳山国有林管理局灵空山林场
202. 太岳山国有林管理局龙门口林场
203. 太岳山国有林管理局候神岭林场
204. 太岳山国有林管理局小涧峪林场
205. 太岳山国有林管理局青岗坪林场
206. 太岳山国有林管理局龙泉林场
207. 太岳山国有林管理局马西林场
208. 太岳山国有林管理局大南坪林场

209. 太岳山国有林管理局好地方林场
210. 太岳山国有林管理局马泉林场
211. 吕梁山国有林管理局车鸣峪林场
212. 吕梁山国有林管理局河底林场
213. 吕梁山国有林管理局劲香林场
214. 吕梁山国有林管理局交口林场
215. 吕梁山国有林管理局东山林场
216. 吕梁山国有林管理局上庄林场
217. 吕梁山国有林管理局克城林场
218. 吕梁山国有林管理局下李林场
219. 吕梁山国有林管理局台头林场
220. 吕梁山国有林管理局屯里林场
221. 吕梁山国有林管理局康城林场
222. 吕梁山国有林管理局关上林场
223. 吕梁山国有林管理局管头林场
224. 吕梁山国有林管理局人祖山林场
225. 吕梁山国有林管理局青山林场
226. 中条山国有林管理局北坛林场
227. 中条山国有林管理局端氏林场
228. 中条山国有林管理局固县林场
229. 中条山国有林管理局同善林场
230. 中条山国有林管理局十河林场
231. 中条山国有林管理局大河林场
232. 中条山国有林管理局南凡林场
233. 中条山国有林管理局石门林场
234. 中条山国有林管理局皋落林场
235. 中条山国有林管理局祁家河林场
236. 中条山国有林管理局陈村林场
237. 中条山国有林管理局横河林场
238. 中条山国有林管理局台头林场
239. 中条山国有林管理局中村林场
240. 中条山国有林管理局三交林场
241. 中条山国有林管理局泗交林场

内蒙古自治区（共304个）

1. 巴彦淖尔市乌拉山林场
2. 巴彦淖尔市乌北林场
3. 巴彦淖尔市治沙综合试验站
4. 巴彦淖尔市临河区新华林场
5. 五原县防沙林场
6. 磴口县防沙林场
7. 乌前旗薪亥滩林场
8. 乌前旗西山咀林场
9. 乌中旗查石太林场
10. 乌中旗海流图林场
11. 乌中旗狼山经营所
12. 乌后旗新红林场
13. 乌后旗西补隆林场
14. 杭后旗东风林场
15. 乌海市经济林场
16. 乌海市治沙林场
17. 乌海市海勃湾区林场
18. 阿左旗腰坝治沙站
19. 阿左旗头道湖治沙站
20. 阿左旗吉兰太治沙站
21. 阿左旗巴诺园林场
22. 阿左旗通湖治沙站
23. 阿左旗巴音树贵治沙站
24. 阿左旗巴镇林场
25. 阿右旗雅布赖治沙站
26. 阿右旗巴彦高勒林场

27. 阿右旗贺兰山林场
28. 额济纳旗经营林场
29. 通辽市科尔沁区吐尔基山林场
30. 通辽市市郊林场
31. 通辽市科尔沁区二林场
32. 通辽市科尔沁区莫力庙林场
33. 通辽市科尔沁区文冠果林场
34. 通辽市科尔沁区胡力海林场
35. 通辽市科尔沁区庆和林场
36. 开鲁县清河林场
37. 开鲁县东风林场
38. 开鲁县建华林场
39. 开鲁县大榆树林场
40. 开鲁县保安林场
41. 开鲁机械化林场
42. 开鲁县太平沼林场
43. 科左中旗东苏林场
44. 科左中旗新开河林场
45. 科左中旗包罕林场
46. 科左中旗白音花林场
47. 科左中旗保康林场
48. 科左中旗佳木斯林场
49. 科左中旗协代林场
50. 科左中旗乌斯吐林场
51. 科左后旗伊胡塔林场
52. 科左后旗金宝屯林场
53. 科左后旗朝鲁吐林场
54. 科左后旗茂道吐林场
55. 科左后旗乌旦塔拉林场
56. 科左后旗大青沟林场
57. 奈曼旗大柳树林场
58. 奈曼旗桥河林场
59. 奈曼旗兴隆沼林场
60. 奈曼旗八仙筒林场
61. 奈曼旗奈林林场
62. 奈曼旗沙日好来林场
63. 奈曼旗青龙山林场
64. 奈曼旗新镇林场
65. 库伦旗白音花林场
66. 库伦旗先进林场
67. 库伦旗水泉林场
68. 库伦旗边家杖子林场
69. 库伦旗六家子林场
70. 库伦旗养畜牧林场
71. 库伦旗额勒顺林场
72. 库伦旗敖伦林场
73. 库伦旗三家子林场
74. 扎鲁特旗白音忙哈林场
75. 扎鲁特旗满都呼林场
76. 扎鲁特旗鲁北林场
77. 扎鲁特旗白音查干林场
78. 扎鲁特旗罕山林场
79. 扎鲁特旗海日罕林场
80. 扎鲁特旗好老林场
81. 扎鲁特旗伊和林场
82. 扎鲁特旗鲁东林场
83. 霍林郭勒市莫斯台林场
84. 察右中旗那日斯太林场
85. 察右中旗东梁林场
86. 凉城县岱海林场
87. 凉城县蛮汉山林场
88. 卓资县保安林场
89. 卓资县上高台林场
90. 丰镇市红山林场
91. 商都县八股地林场
92. 商都县中心林场
93. 察右后旗土牧尔台林场
94. 化德林场

95. 兴和县苏木山林场
96. 四子王旗红旗林场
97. 阿鲁科尔沁旗罕山林场
98. 阿鲁科尔沁旗台河林场
99. 阿鲁科尔沁旗沙日温都林场
100. 阿鲁科尔沁旗白城子林场
101. 阿鲁科尔沁旗昆都林场
102. 巴林左旗乌兰坝林场
103. 巴林左旗石棚沟林场
104. 巴林左旗林东林场
105. 巴林右旗罕山林场
106. 巴林右白音沙那林场
107. 巴林右黄花林场
108. 巴林右白音尔登林场
109. 巴林右巴林桥林场
110. 林西县富林林场
111. 林西县大冷山林场
112. 林西县南门外林场
113. 克什克腾旗青山林场
114. 克什克腾旗大局子林场
115. 克什克腾旗桦木沟林场
116. 克什克腾旗黄岗梁林场
117. 克什克腾旗白音敖包林场
118. 克什克腾旗热水林场
119. 克什克腾旗托河林场
120. 克什克腾旗广兴林场
121. 克什克腾旗联峰林场
122. 克什克腾旗镇郊林场
123. 克什克腾旗黄榆沟林场
124. 翁牛特旗桥头林场
125. 翁牛特旗鸭鸡山林场
126. 翁牛特旗红山林场
127. 翁牛特旗高家梁林场
128. 翁牛特旗亿合公林场
129. 翁牛特旗经济林场
130. 翁牛特旗松树山林场
131. 翁牛特旗海拉苏林场
132. 翁牛特旗格日僧林场
133. 翁牛特旗双河林场
134. 翁牛特旗花果营子林场
135. 翁牛特旗五分地林场
136. 赤峰市松山区安庆沟林场
137. 赤峰市松山区大碾子林场
138. 赤峰市松山区老府林场
139. 赤峰市松山区城郊林场
140. 赤峰市元宝山林场
141. 喀喇沁旗旺业甸林场
142. 喀喇沁旗王爷府林场
143. 喀喇沁旗马鞍山林场
144. 喀喇沁旗大牛群林场
145. 宁城县黑里河林场
146. 宁城县坤头河林场
147. 宁城县一肯中林场
148. 宁城县头道营子林场
149. 宁城县青山林场
150. 敖汉旗新惠林场
151. 敖汉旗陈家洼子林场
152. 敖汉旗三义井林场
153. 敖汉旗双井林场
154. 敖汉旗古鲁板蒿林场
155. 敖汉旗木头营子林场
156. 敖汉旗小河子林场
157. 敖汉旗宝国吐林场
158. 敖汉旗荷也勿苏林场
159. 敖汉旗大黑山林场
160. 敖汉旗马头山林场
161. 多伦县南沙口林场
162. 多伦县三道沟林场

163. 阿巴嘎旗杨道庙林场
164. 镶黄旗亚力盖图林场
165. 西乌旗太本庙林场
166. 西乌旗哈布其盖治沙站
167. 西乌旗迪彦庙林场
168. 正镶白旗哲里根图林场
169. 正镶白旗贝力克治沙站
170. 太仆寺旗国营林场
171. 东乌旗宝格达山林场
172. 正兰旗乌和尔沁林场
173. 西苏旗白音红格尔林场
174. 海拉尔林场
175. 满洲里市边防林场
176. 牙克石林场
177. 牙克石市免度河林场
178. 扎兰屯市济沁河林场
179. 扎兰屯市庙尔山林场
180. 扎兰屯市新立屯林场
181. 扎兰屯市根多河林场
182. 扎兰屯市伊其罕林场
183. 扎兰屯市杨树沟林场
184. 扎兰屯市哈多河林场
185. 扎兰屯市成吉思汗林场
186. 根河市姑子庙林场
187. 额尔古纳市自兴林场
188. 额尔古纳市兴安林场
189. 额尔古纳市恩河林场
190. 额尔古纳市上护林林场
191. 额尔古纳市上库力林场
192. 额尔古纳市七卡林场
193. 新巴尔虎左旗罕达盖林场
194. 新巴尔虎左旗阿尔山林场
195. 新巴尔虎左旗嵯岗林场
196. 新巴尔虎左旗额布德格林场
197. 新巴尔虎右旗贝尔林场
198. 陈巴尔虎旗那吉林场
199. 陈巴尔虎旗特尼河林场
200. 陈巴尔虎旗完工林场
201. 鄂温克旗维纳河林场
202. 鄂温克旗锡尼河林场
203. 鄂温克旗莫河尔图林场
204. 鄂温克旗巴彦代护林站
205. 鄂伦春旗嘎仙沟林场
206. 阿荣旗三号店林场
207. 阿荣旗阿力格亚林场
208. 阿荣旗大时尼气林场
209. 阿荣旗库伦沟林场
210. 阿荣旗查巴奇林场
211. 阿荣旗得力其尔林场
212. 阿荣旗音河林场
213. 莫力达瓦旗七家子林场
214. 莫力达瓦旗巴彦林场
215. 莫力达瓦旗霍日里河林场
216. 莫力达瓦旗腾克林场
217. 莫力达瓦旗拉抛林场
218. 莫力达瓦旗库如齐林场
219. 莫力达瓦旗额尔和林场
220. 莫力达瓦旗查哈阳林场
221. 莫力达瓦旗宝山林场
222. 达拉特旗白土梁林场
223. 呼伦贝尔市海拉尔区樟子松林场
224. 达拉特旗中和西林场
225. 准格尔旗乌兰不浪林场
226. 准格尔旗乌兰沟林场
227. 准格尔旗沙圪堵林场
228. 准格尔旗布尔陶亥治沙站
229. 准格尔旗神山林场

230. 伊金霍洛旗霍洛林场
231. 伊金霍洛旗公尼召林场
232. 伊金霍洛旗新街治沙站
233. 伊金霍洛旗纳林希里治沙站
234. 鄂尔多斯市东胜区泊江海治沙站
235. 杭锦旗改更召治沙站
236. 杭锦旗什拉召治沙站
237. 杭锦旗甘珠庙柠条林场
238. 杭锦旗浩绕柴达木治沙站
239. 杭锦旗阿鲁柴登治沙站
240. 乌审旗纳林河林场
241. 乌审旗乌审召治沙站
242. 乌审旗乌兰陶老盖治沙站
243. 鄂托克旗达拉吐鲁治沙站
244. 鄂托克旗沙日特拉柠条管理站
245. 鄂托克前旗城川中心治沙站
246. 鄂托克前旗二道川治沙站
247. 鄂托克前旗察汉陶老亥林场
248. 鄂尔多斯市造林总场
249. 呼和浩特市乌素图实验林场
250. 土左旗白石头沟实验林场
251. 土左旗沙尔沁林场
252. 土左旗大青山林场
253. 土左旗万家沟林场
254. 土左旗托县东大圐圙林场
255. 呼和浩特市新城区古路板林场
256. 清水河县南壕赖林场
257. 武川县五道沟林场
258. 武川县井儿沟林场
259. 武川县五家村林场
260. 呼和浩特市南天门林场
261. 呼和浩特市浑河林场
262. 呼和浩特市黄合少林场
263. 呼和浩特市回民区国有林场
264. 达茂联合旗实验林场
265. 包头市石拐区五当召林场
266. 土右旗九峰山林场
267. 土右旗黄河林场
268. 包头市九原区国营林场
269. 包头市九原区梅力更林场
270. 包头市九原区山林建设工作站
271. 固阳县固阳林场
272. 固阳县马鞍山林场
233. 固阳县白彦沟林场
274. 乌兰浩特市胜利机械林场
275. 扎赉特旗杨树沟林场
276. 扎赉特旗吉日根林场
277. 扎赉特旗额尔吐林场
278. 扎赉特旗神山林场
279. 扎赉特旗中心林场
280. 科右前旗索伦林场
281. 科右前旗兴隆林场
282. 科右前旗察尔森林场
283. 科右前旗乌兰大坝林场
284. 科右前旗海力森林场
285. 科右前旗白音花林场
286. 科右前旗大青山林场
287. 科右前旗额尔格图林场
288. 突泉县东风机械林场
289. 突泉县太本机械林场
290. 突泉县老头山机械林场
291. 突泉县蛤蟆甲林场
292. 突泉县宝田林场
293. 科右中旗好腰苏木林场
294. 科右中旗义和塔拉林场
295. 科右中旗红星林场
296. 突泉县北河国有林场

297. 扎赉特旗小城子国有林场
298. 突泉县六户国有林场
299. 东河区阿善国有林场
300. 昆都仑区国有林场
301. 巴林右旗林业机耕林场
302. 科右中旗代钦塔拉林场
303. 科右中旗杜尔基林场
304. 阿尔山市杜拉尔林场

辽宁省（共182个）

1. 新民市机械林场
2. 辽中县林场
3. 康平县孙家店林场
4. 康平县张家窑林场
5. 康平县大辛屯林场
6. 法库县八虎山林场
7. 法库县马家店林场
8. 法库县三尖泡林场
9. 沈阳市新城子区马刚林场
10. 沈阳市东陵区林场
11. 沈阳市苏家屯区塔山林场
12. 大连市金州林场
13. 大连市甘井子区林场
14. 大连市旅顺口区林场
15. 大连市瓦房店林场
16. 庄河市林场
17. 普兰店林场
18. 岫岩满族自治县龙潭林场
19. 岫岩满族自治县青凉山林场
20. 岫岩满族自治县东风林场
21. 台安县西平林场
22. 海城市上英林场
23. 鞍山市实验林场
24. 清原满族自治县城郊林场
25. 清原满族自治县大边沟林场
26. 清原满族自治县大孤家林场
27. 清原满旗自治县北三家林场
28. 清原满族自治县夏家堡林场
29. 清原满族自治县杨树崴子林场
30. 清原满族自治县甘井子林场
31. 清原满族自治县大苏河林场
32. 清原满族自治县英额门林场
33. 清原满族自治县苍石林场
34. 新宾满族自治县钢山林场
35. 新宾满族自治县朝阳林场
36. 新宾满族自治县关家林场
37. 新宾满族自治县城郊林场
38. 新宾满族自治县北旺清林场
39. 新宾满族自治县永陵林场
40. 新宾满族自治县陡岭林场
41. 新宾满族自治县上夹河林场
42. 新宾满族自治县赵家林场
43. 新宾满族自治县边外林场
44. 新宾满族自治县大东沟林场
45. 新宾满族自治县三道关林场
46. 新宾满族自治县通沟林场
47. 新宾满族自治县苇子峪林场
48. 抚顺县哈达林场
49. 抚顺县温道林场
50. 抚顺县五龙林场
51. 抚顺县三块石林场
52. 抚顺县前甸林场
53. 抚顺县马圈子林场
54. 抚顺市顺城区会元林场
55. 抚顺市大伙房实验林场
56. 本溪矿柱林总场彩屯林场

57. 本溪矿柱林总场卧龙林场
58. 本溪矿柱林总场小市林场
59. 本溪矿柱林总场南甸林场
60. 本溪矿柱林总场新宾林场
61. 本溪矿柱林总场桓仁林场
62. 本溪矿柱林总场凤城林场
63. 本溪矿柱林总场叆阳林场
64. 本溪市明山区林场
65. 本溪市南芬区桥头林场
66. 本溪市实验林场
67. 本溪满族自治县小市林场
68. 本溪满族自治县连山关林场
69. 本溪满族自治县草河城林场
70. 本溪满族自治县台山林场
71. 本溪满族自治县碱厂林场
72. 本溪满族自治县兰河峪林场
73. 本溪满族自治县草河掌林场
74. 本溪满族自治县清河城林场
75. 本溪满族自治县田师傅林场
76. 本溪满族自治县太子河林场
77. 桓仁满族自治县八里甸子林场
78. 桓仁满族自治县二户来林场
79. 桓仁满族自治县和平林场
80. 桓仁满族自治县普乐堡林场
81. 桓仁满族自治县黑沟林场
82. 桓仁满族自治县城郊林场
83. 桓仁满族自治县库区林场
84. 桓仁满族自治县二棚甸子林场
85. 桓仁满族自治县五女山生态林场
86. 宽甸满族自治县黎明林场
87. 宽甸满族自治县泉山林场
88. 宽甸满族自治县林川林场
89. 宽甸满族自治县城郊林场
90. 宽甸满族自治县边江林场
91. 宽甸满族自治县太平哨林场
92. 凤城市通远堡林场
93. 凤城市凤山林场
94. 凤城市宝山林场
95. 凤城市边沟林场
96. 凤城市赛马林场
97. 东港市林场
98. 丹东市五道沟林场
99. 北镇市五峰林场
100. 黑山县机械林场
101. 凌海市大凌河林场
102. 凌海市红旗林场
103. 凌海市康家林场
104. 义县林场
105. 盖州市熊岳海防林场
106. 盖州市万福林场
107. 大石桥市林场
108. 辽阳县峨眉经济林场
109. 灯塔市铧子林场
110. 辽阳县向阳寺林场
111. 辽阳市林科所石洞沟实验林场
112. 阜新蒙古族自治县周家店林场
113. 阜新蒙古族自治县大板林场
114. 阜新蒙古族自治县建设林场
115. 阜新蒙古族自治县旧庙林场
116. 阜新蒙古族自治县大巴林场
117. 阜新蒙古族自治县忙牛河林场
118. 阜新蒙古族自治县王府林场
119. 彰武县柳河林场
120. 彰武县章古台林场
121. 彰武县胜利林场
122. 彰武县四合城林场
123. 彰武县高山台林场
124. 阜新市细河区林场

125. 西丰县冰砬山林场
126. 西丰县和隆林场
127. 西丰县郜家店林场
128. 西丰县德丰林场
129. 西丰县钓鱼林场
130. 开原市八棵树林场
131. 开原市柴河林场
132. 开原市南城子林场
133. 铁岭县白旗寨林场
134. 铁岭县熊官屯林场
135. 铁岭县红峰林场
136. 昌图县付家机械林场
137. 昌图县泉头林场
138. 北票市大黑山林场
139. 北票市大青山林场
140. 北票市黑城子林场
141. 北票市塔山林场
142. 凌源市欺天林场
143. 凌源市北炉林场
144. 凌源市三家子林场
145. 凌源市四官营子林场
146. 凌源市金花山林场
147. 建平县黑水机械化林场
148. 建平县白山林场
149. 建平县马厂机械林场
150. 建平县青松岭林场
151. 喀喇沁左翼蒙古族自治县卧虎沟林场
152. 喀喇沁左翼蒙古族自治县小城子林场
153. 喀喇沁左翼蒙古族自治县桃花池林场
154. 喀喇沁左翼蒙古族自治县中三家林场
155. 喀喇沁左翼蒙古族自治县十二德堡林场
156. 朝阳县联合林场
157. 朝阳县朝阳林场
158. 朝阳县六家子林场
159. 朝阳县黑牛林场
160. 朝阳县东五家子林场
161. 朝阳县二十家子林场
162. 朝阳市凤凰山林场
163. 盘山县林场
164. 建昌县谷杖子林场
165. 建昌县黑山林场
166. 建昌县古迹营子林场
167. 绥中县三山林场
168. 绥中县水口林场
169. 绥中县前卫林场
170. 葫芦岛市连山区虹螺山林场
171. 兴城市南关林场
172. 兴城市文家林场
173. 兴城市青山林场
174. 葫芦岛市连山区良种核桃实验林场
175. 辽宁省实验林场
176. 辽宁省生态实验林场
177. 辽宁省固沙造林研究所实验林场
178. 辽宁省林业学校实验林场
179. 辽宁省森林经营研究所实验林场
180. 葫芦岛市生态型实验林场
181. 国有葫芦岛市连山区上坡子林场
182. 建昌县药王庙林场

吉林省（共307个）

1. 吉林省蛟河林业实验区管理局
2. 吉林省松花江三湖自然保护区管理局桃山实验林场
3. 榆树市光明林场
4. 榆树市向阳林场
5. 榆树市拉林河林场
6. 农安县三盛玉林场
7. 农安县小城子林场
8. 农安县杨树林林场
9. 德惠市松花江林场
10. 德惠市菜园子林场
11. 德惠市岔路口林场
12. 九台市卢家林场
13. 九台市上河湾林场
14. 九台市二道沟林场
15. 九台市胡家林场
16. 九台市波泥河林场
17. 长春市双阳区甩湾林场
18. 长春市双阳区太平林场
19. 长春市双阳区石溪林场
20. 长春市双阳区烧锅林场
21. 长春市双阳区新安林场
22. 长春市二道区东风林场
23. 长春市净月经济开发区实验林场
24. 长春市净月潭第二林场
25. 吉林市松花湖实验林场
26. 永吉县五里河林场
27. 永吉县双河镇林场
28. 永吉县大岗子林场
29. 永吉县岔路河林场
30. 永吉县西阳林场
31. 永吉县口前林场
32. 磐石市取柴河林场
33. 磐石市烟筒山林场
34. 磐石市江南林场
35. 磐石市驿马林场
36. 磐石市官马林场
37. 磐石市明城林场
38. 磐石市致富林场
39. 磐石市大旺林场
40. 磐石市永宁林场
41. 磐石市呼兰林场
42. 磐石市富太林场
43. 磐石市细林林场
44. 磐石市宝山林场
45. 磐石市黑石林场
46. 桦甸市八道河子林场
47. 桦甸市四方甸子林场
48. 桦甸市大勃吉林场
49. 桦甸市地局子林场
50. 桦甸市苏密沟林场
51. 桦甸市常山林场
52. 桦甸市朝阳林场
53. 桦甸市当石林场
54. 桦甸市清水林场
55. 桦甸市金沙林场
56. 桦甸市九星林场
57. 蛟河市天岗林场
58. 蛟河市天北林场
59. 蛟河市天南林场
60. 蛟河市松江林场
61. 蛟河市青背林场
62. 蛟河市刘家店林场
63. 蛟河市横道子林场
64. 蛟河市太阳林场
65. 蛟河市龙凤林场

66. 蛟河市平川林场
67. 蛟河市海青林场
68. 蛟河市池水林场
69. 蛟河市爱林林场
70. 蛟河市红旗林场
71. 蛟河市新农林场
72. 蛟河市南岗子林场
73. 蛟河市老爷岭林场
74. 蛟河市太平山林场
75. 舒兰市水曲柳林场
76. 舒兰市青松林场
77. 舒兰市永胜林场
78. 舒兰市石河林场
79. 舒兰市金马林场
80. 舒兰市开原林场
81. 舒兰市溪河林场
82. 舒兰市群岭林场
83. 舒兰市舒兰林场
84. 舒兰市朝阳林场
85. 舒兰市大北林场
86. 舒兰市小城林场
87. 吉林市船营区国营西郊林场
88. 吉林市船营区民主林场
89. 吉林市昌邑区河湾子林场
90. 吉林市昌邑区两家子林场
91. 吉林市丰满区旺起林场
92. 吉林市丰满区江南林场
93. 吉林市丰满区二道林场
94. 吉林市龙潭区江密峰林场
95. 吉林市龙潭区杨木林场
96. 吉林市龙潭区江北林场
97. 吉林市经济技术开发区国营九站林场
98. 延吉市烟集林场
99. 延吉市依兰林场
100. 图们市石岘林场
101. 图们市长安林场
102. 图们市马牌林场
103. 龙井市八道林场
104. 龙井市细鳞河林场
105. 龙井市开山屯林场
106. 龙井市智新林场
107. 龙井市勇新林场
108. 龙井市三合林场
109. 龙井市白金林场
110. 龙井市富裕林场
111. 和龙市下天坪林场
112. 和龙市源水林场
113. 和龙市长兴林场
114. 和龙市青山林场
115. 和龙市长仁林场
116. 和龙市柳洞林场
117. 和龙市高岭林场
118. 和龙市龙水林场
119. 敦化市黄泥河林场
120. 敦化市秋梨沟林场
121. 敦化市牡丹岗林场
122. 敦化市新开岭林场
123. 敦化市新立林场
124. 敦化市红石林场
125. 敦化市小牡丹林场
126. 敦化市王牛沟林场
127. 敦化市寒葱岭林场
128. 敦化市柞木台林场
129. 敦化市新兴林场
130. 敦化市榆树川林场
131. 敦化市太平林场
132. 敦化市大山林场

133. 敦化市四海店林场
134. 敦化市大沟林场
135. 安图县石门林场
136. 安图县福满林场
137. 安图县东清林场
138. 安图县大沙河林场
139. 安图县松江林场
140. 安图县福兴林场
141. 汪清县南沟林场
142. 汪清县东升林场
143. 汪清县天桥岭林场
144. 汪清县金矿林场
145. 汪清县大兴林场
146. 汪清县东光林场
147. 汪清县上屯林场
148. 汪清县西大坡林场
149. 汪清县牡丹川林场
150. 汪清县老庙林场
151. 汪清县仲坪林场
152. 汪清县春阳林场
153. 通化市林场
154. 梅河口市姜家街林场
155. 梅河口市牛心顶林场
156. 梅河口市河洼林场
157. 梅河口市吉乐林场
158. 梅河口市泉眼林场
159. 梅河口市杏岭林场
160. 梅河口市海龙林场
161. 梅河口市曙光林场
162. 梅河口市康大营林场
163. 梅河口市林木良种繁育场
164. 梅河口市文冠果实验林场
165. 集安市大青沟林场
166. 集安市热闹林场
167. 集安市双岔林场
168. 集安市太王林场
169. 集安市头道林场
170. 辉南县青顶子林场
171. 辉南县大坦平林场
172. 辉南县大椅山林场
173. 辉南县大场园林场
174. 柳河县凉水河子林场
175. 柳河县八里哨林场
176. 柳河县全胜林场
177. 柳河县五道沟林场
178. 柳河县大北岔林场
179. 柳河县兰山林场
180. 柳河县安口镇林场
181. 柳河县向阳林场
182. 通化县英额布林场
183. 通化县二密茂园林场
184. 通化县朝阳林场
185. 通化县石湖林场
186. 通化县三棚林场
187. 通化县光华林场
188. 通化县升平林场
189. 辽源市龙首山林场
190. 东丰县横道河林场
191. 东丰县一面山林场
192. 东丰县大阳林场
193. 东丰县南屯基林场
194. 东丰县中心林场
195. 东丰县仁合林场
196. 东丰县沙河镇林场
197. 东丰县那丹伯林场
198. 东丰县中育林场
199. 东丰县大兴林场
200. 东丰县杨木林林场

201. 东丰县小四平林场
202. 东辽县建安林场
203. 东辽县白泉林场
204. 东辽县梨树林场
205. 东辽县中心林场
206. 东辽县安石林场
207. 东辽县渭津林场
208. 东辽县辽河源林场
209. 东辽县宴平林场
210. 白山市大镜沟国营林场
211. 白山市三道沟国营林场
212. 白山市板石国营林场
213. 白山市五间房国营林场
214. 白山市国营实验林场
215. 靖宇县国营镇郊林场
216. 靖宇县国营板石林场
217. 靖宇县国营靖宇林场
218. 长白朝鲜族自治县林业局母树林林场
219. 长白朝鲜族自治县龙泉镇林场
220. 长白朝鲜族自治县冷甸子林场
221. 长白朝鲜族自治县林业局撩荒地林场
222. 白山市江源区大阳岔国营林场
223. 白山市江源区石人国营林场
224. 抚松县林业局露水河林场
225. 抚松县林业局兴隆林场
226. 抚松县林业局泉阳林场
227. 临江市国营花山林场
228. 临江市国营六道沟林场
229. 临江市国营苇沙河林场
230. 四平市实验林场
231. 四平市叶赫林场
232. 伊通满族自治县营城子林场
233. 伊通满族自治县新家林场
234. 伊通满族自治县镇郊林场
235. 伊通满族自治县伊丹林场
236. 伊通满族自治县西苇林场
237. 伊通满族自治县大孤山林场
238. 伊通满族自治县爱民果树林场
239. 伊通满族自治县马鞍山林场
240. 伊通满族自治县黄岭子林场
241. 伊通满族自治县景台林场
242. 公主岭市杨大城子林场
243. 公主岭市廿家子林场
244. 公主岭市范家屯林场
245. 公主岭市毛城子林场
246. 公主岭市桑树台林场
247. 公主岭市和平林场
248. 梨树县榆树台机械林场
249. 梨树县靠山机械林场
250. 梨树县四台子林场
251. 梨树县三家子林场
252. 梨树县石岭林场
253. 梨树县二龙湖林场
254. 双辽市双山机械林场
255. 双辽市天兴机械林场
256. 双辽市向阳机械林场
257. 双辽市卧虎机械林场
258. 双辽市那木机械林场
259. 双辽市兴隆机械林场
260. 双辽市实验机械林场
261. 双辽市玻璃山机械林场
262. 白城市到保机械林场
263. 白城市查干浩特旅游经济开发区镇西林场
264. 白城市林木良种繁育场
265. 镇赉县国有大岗林场

266. 镇赉县国有莫莫格林场
267. 镇赉县国有坦途林场
268. 镇赉县国有城郊林场
269. 洮南市洮南机械林场
270. 洮南市永茂林场
271. 洮南市四海林场
272. 洮南市二龙林场
273. 洮南市万宝林场
274. 白城市洮北区机械林场
275. 白城市洮北区洮东林场
276. 白城市洮北区南郊林场
277. 大安市机械经营林场
278. 大安市机械林场
279. 大安市舍力机械林场
280. 通榆县第一机械林场
281. 通榆县第二机械林场
282. 通榆县第三机械林场
283. 通榆县团结机械林场
284. 国营通榆县包拉温都机械林场
285. 通榆县兴隆山经营林场
286. 通榆县新华经营林场
287. 通榆县新兴经营林场
288. 通榆县果树林场
289. 通榆县向海机械林场
290. 前郭尔罗斯蒙古族自治县国营深井子机械林场
291. 前郭尔罗斯蒙古族自治县国营韩家店林场
292. 前郭尔罗斯蒙古族自治县国营乌兰图嘎林场
293. 前郭尔罗斯蒙古族自治县国营查干花机械林场
294. 前郭尔罗斯蒙古族自治县国营哈拉毛都林场
295. 扶余县国营增盛林场
296. 扶余县国营社里林场
297. 扶余县国营青山林场
298. 扶余县国营三井子林场
299. 国营长岭县太平川机械林场
300. 国营长岭县东岭机械林场
301. 国营长岭县三团机械林场
302. 国营长岭县前七号机械林场
303. 乾安县第一机械林场
304. 乾安县第二机械林场
305. 乾安县第三机械林场
306. 乾安县经营林场
307. 松原市宁江区国营善友林场

黑龙江省（共403个）

1. 哈尔滨市山河实验林场
2. 哈尔滨市转山实验林场
3. 哈尔滨市丹清河实验林场
4. 哈尔滨市阿城区中和林场
5. 哈尔滨市阿城区吉兴林场
6. 哈尔滨市阿城区平山林场
7. 哈尔滨市阿城区小岭林场
8. 哈尔滨市阿城区玉泉林场
9. 哈尔滨市阿城区红星林场
10. 哈尔滨市阿城区沙河林场
11. 哈尔滨市阿城区料甸林场
12. 哈尔滨市阿城区亚沟林场
13. 方正县宝兴林场
14. 方正县红星林场
15. 方正县靠山林场
16. 方正县腰岭子林场

17. 方正县大砬子林场
18. 方正县东方红林场
19. 通河县洪太林场
20. 通河县龙口林场
21. 通河县铧子山林场
22. 通河县乌拉浑林场
23. 五常市胜利林场
24. 五常市蛤蜊河林场
25. 五常市背荫河林场
26. 五常市平房店林场
27. 五常市冲河林场
28. 五常市向阳林场
29. 五常市兴隆川林场
30. 五常市大烟筒林场
31. 五常市宝龙店种子林场
32. 五常市小黑河林场
33. 五常市杨家岗林场
34. 五常市保山林场
35. 延寿县黄玉林场
36. 延寿县玉河林场
37. 延寿县新开道林场
38. 延寿县五七林场
39. 延寿县桃山林场
40. 延寿县奎兴林场
41. 延寿县胜利林场
42. 延寿县北安林场
43. 延寿县实验林场
44. 依兰县先锋林场
45. 依兰县烟筒山林场
46. 依兰县四块石林场
47. 依兰县二道河子林场
48. 依兰县对青山林场
49. 依兰县珠山林场
50. 依兰县东风林场
51. 依兰县大顶山林场
52. 依兰县红旗林场
53. 木兰县太平林场
54. 木兰县建国林场
55. 木兰县石河林场
56. 木兰县东风林场
57. 木兰县满天林场
58. 木兰县柳河林场
59. 宾县胜利林场
60. 宾县松林林场
61. 宾县二龙山林场
62. 宾县大泉子林场
63. 宾县光恩林场
64. 宾县青阳林场
65. 宾县洪山林场
66. 宾县万人欢林场
67. 宾县太平山林场
68. 宾县新甸林场
69. 巴彦县黑山林场
70. 巴彦县龙泉林场
71. 巴彦县双鸭山林场
72. 巴彦县驿马山林场
73. 哈尔滨市呼兰区黄土山林场
74. 双城市永胜林场
75. 齐齐哈尔市青年林场
76. 齐齐哈尔市发展林场
77. 齐齐哈尔市宽余林场
78. 龙江县海洋林场
79. 龙江县错海林场
80. 龙江县山泉林场
81. 龙江县龙兴林场
82. 讷河市保安林场
83. 讷河市富源林场
84. 讷河市国庆林场

85. 讷河市茂山林场
86. 克山县涌泉林场
87. 克山县北联林场
88. 克山县河北林场
89. 依安县上游林场
90. 依安县新兴林场
91. 甘南县甘南林场
92. 甘南县绿色林场
93. 拜泉县国富林场
94. 拜泉拜泉林场
95. 克东县爱华林场
96. 克东县东兴林场
97. 泰来县东方红林场
98. 富裕县富裕林场
99. 齐齐哈尔市碾子山区华安林场
100. 齐齐哈尔市昂昂溪区昂昂溪林场
101. 齐齐哈尔市梅里斯区沿江营林所
102. 齐齐哈尔市富拉尔基区江东条通管理站
103. 牡丹江市东村林场
104. 牡丹江市三道林场
105. 牡丹江市四道林场
106. 牡丹江市北安林场
107. 牡丹江市东和林场
108. 海林市海林林场
109. 海林市火龙沟林场
110. 海林市红海林林场
111. 海林市德家林场
112. 海林市新海林场
113. 海林市柴河林场
114. 海林市海南林场
115. 海林市海林苗圃
116. 林口县楚山林场
117. 林口县宝林林场
118. 林口县虎山林场
119. 林口县亮子河林场
120. 林口县柳树林场
121. 林口县青山林场
122. 林口县五林林场
123. 林口县中三阳林场
124. 林口县朱家林场
125. 林口县柞木林场
126. 东宁县二段林场
127. 东宁县暖泉子林场
128. 东宁县南天门林场
129. 东宁县和平林场
130. 东宁县通沟林场
131. 东宁县东大川林场
132. 东宁县闹枝沟种子林林场
133. 东宁县石门子林场
134. 东宁县朝阳沟林场
135. 穆棱市自平林场
136. 穆棱市清河林场
137. 穆棱市枯榆树林场
138. 穆棱市代马沟林场
139. 穆棱市磨刀石林场
140. 穆棱市下城子国营苗圃
141. 宁安市小北湖母树林林场
142. 宁安市江东林场
143. 宁安市营城子林场
144. 宁安市三林林场
145. 宁安市兴隆林场
146. 宁安市三灵林场
147. 宁安市石岩林场
148. 宁安市马莲河贮木场
149. 宁安市渤海种子园

150. 绥芬河市绥芬河林场
151. 佳木斯市孟家岗林场
152. 桦南县七峰林场
153. 桦南县青背林场
154. 桦南县石头河林场
155. 桦南县向阳林场
156. 桦南县驼腰子林场
157. 桦南县柳毛河林场
158. 桦南县大八浪林场
159. 桦南县双龙林场
160. 桦南县金沙林场
161. 桦川县横头山林场
162. 桦川县老平岗林场
163. 桦川县条通管理站
164. 汤原县亮子河林场
165. 汤原县黑金河林场
166. 汤原县东风林场
167. 汤原县腰营林场
168. 汤原县团结林场
169. 汤原县石场沟林场
170. 汤原县正阳林场
171. 汤原县木良林场
172. 抚远县抚远林场
173. 同江市街津口林场
174. 同江市鸭北林场
175. 富锦市太东林场
176. 富锦市东风岗林场
177. 富锦市工农林场
178. 富锦市石砬山林场
179. 富锦市条通管理站
180. 佳木斯市郊区大来林场
181. 佳木斯市郊区群胜林场
182. 佳木斯市郊区四丰林场
183. 佳木斯市郊区松木河林场
184. 佳木斯市郊区永安苗圃
185. 大庆市大同区红旗林场
186. 大庆市大同区大同林场
187. 大庆市红岗区国有林场
188. 大庆市让湖路区区林场
189. 大庆市让湖路区红骧林场
190. 大庆市让湖路区星火林场
191. 大庆市让湖路区银浪林场
192. 林甸县长青林场
193. 杜尔伯特蒙古族自治县新店林场
194. 杜尔伯特蒙古族自治县四家子林场
195. 肇源县新站林场
196. 肇源县茂兴营林站
197. 肇源县义顺营林站
198. 肇源县条通管理站
199. 肇州县托古营林站
200. 鸡西市前进林场
201. 鸡西市胜利林场
202. 鸡西市大同林场
203. 鸡西市麻山林场
204. 鸡西市和平林场
205. 鸡西市柳毛林场
206. 鸡西市兰岭苗圃
207. 鸡东县四山林场
208. 鸡东县平房林场
209. 鸡东县西南岔林场
210. 鸡东县凤凰山林场
211. 鸡东县联合林场
212. 鸡东县曙光林场
213. 鸡东县宝泉林场
214. 鸡东县红旗林场
215. 鸡东县平阳苗圃

216. 密山市三道岭林场
217. 密山市二龙山林场
218. 密山市金沙林场
219. 密山市珠山林场
220. 密山市青梅山林场
221. 密山市连珠山林场
222. 密山市蜂蜜山林场
223. 密山市金银库林场
224. 密山市大顶山林场
225. 虎林市七虎林林场
226. 虎林市示范林场
227. 虎林市东风林场
228. 虎林市虎头林场
229. 虎林市小木河林场
230. 双鸭山市岭西林场
231. 双鸭山市羊鼻山林场
232. 双鸭山市定国山林场
233. 双鸭山市四宝林场
234. 宝清县宝密桥林场
235. 宝清县宝山林场
236. 宝清县龙头林场
237. 宝清县头道岗林场
238. 宝清县东方红林场
239. 宝清县六道林场
240. 宝清县梨树林场
241. 宝清县胜利林场
242. 宝清县四方顶子管理站
243. 集贤县太平林场
244. 集贤县七星砬子林场
245. 集贤县丰乐林场
246. 集贤县峻山林场
247. 集贤县爱林林场
248. 集贤县腰屯林场
249. 饶河县马架子林场
250. 饶河县通河林场
251. 饶河县森川林场
252. 饶河县东安林场
253. 饶河县青山林场
254. 饶河县西风嘴子林场
255. 伊春市西林区西林林场
256. 伊春市西林区白林林场
257. 伊春市西林区三公里林场
258. 伊春市伊春区北山林场
259. 铁力市东升林场
260. 铁力市春光林场
261. 铁力市年丰林场
262. 铁力市兴隆林场
263. 铁力市工农林场
264. 嘉荫县马连林场
265. 嘉荫县太平林场
266. 嘉荫县清河林场
267. 嘉荫县王家店林场
268. 嘉荫县大同林场
269. 嘉荫县库尔洛斯林场
270. 嘉荫县乌云林场
271. 嘉荫县隆安林场
272. 嘉荫县三道沟林场
273. 嘉荫县平阳河林场
274. 嘉荫县光荣林场
275. 七台河市铁山林场
276. 七台河市龙山林场
277. 七台河市金沙林场
278. 七台河市茄子河林场
279. 七台河市大六林场
280. 七台河市东风林场
281. 勃利县通天一林场
282. 勃利县通天二林场
283. 勃利县宏伟林场

284. 勃利县红星林场
285. 勃利县红旗林场
286. 勃利县吉兴河林场
287. 勃利县福兴林场
288. 勃利县河口林场
289. 勃利县罗泉林场
290. 勃利县长兴林场
291. 勃利县东方红林场
292. 鹤岗市桶子沟林场
293. 鹤岗市细鳞河林场
294. 鹤岗市十八号林场
295. 鹤岗市十里河林场
296. 鹤岗市红旗林场
297. 鹤岗市鹤林林场
298. 鹤岗市三道林场
299. 萝北县太平沟林场
300. 萝北县金满屯林场
301. 萝北县大马河林场
302. 萝北县廿里河林场
303. 萝北县云山林场
304. 萝北县渔米河林场
305. 萝北县国营苗圃
306. 绥滨县中兴边防林场
307. 绥滨县条通管理站
308. 黑河市西岗子实验林场
309. 黑河市平山林场
310. 黑河市古东河林场
311. 黑河市头道岭林场
312. 黑河市建华林场
313. 黑河市干岔子林场
314. 黑河市卡伦山林场
315. 黑河市爱辉区二站林场
316. 黑河市爱辉区三站林场
317. 黑河市爱辉区胜山林场
318. 黑河市爱辉区大岭林场
319. 黑河市爱辉区大平林场
320. 黑河市爱辉区七二七林场
321. 黑河市爱辉区望峰防火站
322. 黑河市爱辉区江防林场
323. 黑河市爱辉区桦皮窑林场
324. 黑河市爱辉区滨南林场
325. 黑河市爱辉区河南屯苗圃
326. 北安市四〇四林场
327. 北安市三〇三林场
328. 北安市幸福林场
329. 北安市缸窑林场
330. 北安市胜利林场
331. 北安市自治林场
332. 嫩江县嘎拉山林场
333. 嫩江县中央站林场
334. 嫩江县卧都河林场
335. 嫩江县大治林场
336. 嫩江县霍龙门林场
337. 嫩江县四站林场
338. 嫩江县科洛林场
339. 嫩江县新民林场
340. 嫩江县白云岱林场
341. 嫩江县四十里河林场
342. 嫩江县高峰林场
343. 孙吴县红旗林场
344. 孙吴县向阳林场
345. 孙吴县正阳林场
346. 孙吴县辰清林场
347. 孙吴县前进林场
348. 孙吴县沿江林场
349. 孙吴县大河口林场
350. 逊克县道干林场
351. 逊克县三间房林场

352. 逊克县新立林场
353. 逊克县奇克苗圃
354. 五大连池市朝阳林场
355. 五大连池市引龙河林场
356. 五大连池市小兴安林场
357. 五大连池市元青山林场
358. 五大连池市三九六林场
359. 五大连池市二龙山林场
360. 五大连池市凤凰山管理站
361. 五大连池市华山管理站
362. 五大连池保护区焦得布林场
363. 海伦林管局通肯河林场
364. 海伦林管局井家店林场
365. 海伦林管局双河林场
366. 海伦林管局陈家店林场
367. 海伦林管局护林林场
368. 海伦林管局双录林场
369. 绥棱林管局三吉台林场
370. 绥棱林管局半截河林场
371. 绥棱林管局四海店林场
372. 绥棱林管局阁山林场
373. 安达市太平庄林场
374. 兰西县河口林场
375. 明水县明水林场
376. 青冈县青冈林场
377. 绥化市北林区新生林场
378. 望奎县望奎林场
379. 肇东市东风林场
380. 呼玛县金山林场
381. 呼玛县嘎拉河林场
382. 呼玛县三卡林场
383. 呼玛县十二站林场
384. 漠河县漠河林场
385. 塔河县二十二站林场
386. 尚志林管局苇河林场
387. 尚志林管局老街基林场
388. 尚志林管局尚志林场
389. 尚志林管局元宝林场
390. 尚志林管局黑龙宫林场
391. 尚志林管局一面坡林场
392. 尚志林管局小九林场
393. 尚志林管局帽儿山林场
394. 庆安林管局大青山林场
395. 庆安林管局新青山林场
396. 庆安林管局金沟林场
397. 庆安林管局新立林场
398. 庆安林管局曙光林场
399. 庆安林管局兴山林场
400. 庆安林管局东风林场
401. 庆安林管局丰收林场
402. 省林业勘察设计院宾西实验林场
403. 省森林与环境科学研究院新江实验林场

上海市（共2个）

1. 松江县林场
2. 崇明县东平林场

江苏省（共68个）

1. 南京市老山林场
2. 南京市青龙山林场

3. 南京市江宁区东善桥林场
4. 南京市江宁区汤山林场
5. 南京市六合区平山林场
6. 南京市六合区方山林场
7. 南京市六合区灵岩山林场
8. 南京市六合区竹镇林场
9. 南京市六合区盘山林场
10. 南京市六合区冶山林场
11. 溧水县林场
12. 高淳县付家坛林场
13. 高淳县大荆山林场
14. 宜兴市林场
15. 宜兴市大贤岭林场
16. 江阴市林场
17. 丰县大沙河林场
18. 国营沛县大沙河林场
19. 铜山县赵疃林场
20. 铜山县张集林场
21. 睢宁县张圩林场
22. 新沂县马陵山林场
23. 新沂县踢球山林场
24. 徐州林场
25. 溧阳市龙潭林场
26. 溧阳市瓦屋山林场
27. 金坛县茅东林场
28. 溧阳市林场
29. 苏州市上方山林场
30. 太仓市长江林场
31. 苏州市吴中区林场
32. 常熟市虞山林场
33. 如东县海堤林场
34. 连云港市连云区虚沟林场
35. 连云港市连云区中云林场
36. 连云港市风景区朝阳林场
37. 连云港市新浦区南云台林场
38. 连云港市海州区锦屏林场
39. 赣榆县吴山林场
40. 东海县西山林场
41. 东海县李埝林场
42. 东海县石湖林场
43. 东海县安峰林场
44. 盱眙林场
45. 盱眙县林柴场
46. 洪泽县林柴场
47. 金湖县林场
48. 东台市林场
49. 大丰市林场
50. 射阳林场
51. 射阳县黄沙港林场
52. 建湖县林场
53. 仪征市试验林场
54. 镇江市丹徒区长山林场
55. 句容市磨盘山林场
56. 句容市东进林场
57. 句容市林场
58. 丹阳市林场
59. 泰州林场
60. 姜堰市周山河林场
61. 姜堰市通扬河林场
62. 宿迁市宿城区林柴场
63. 宿迁市嶂山林场
64. 泗洪县城头林柴场
65. 宿迁市城河林场
66. 泗洪县陈圩林场
67. 泗洪县半城林场
68. 泗洪县临淮林场

浙江省（共112个）

1. 杭州市西湖区林场
2. 杭州市萧山区林场
3. 杭州市余杭区南山林场
4. 杭州市余杭区长乐林场
5. 富阳市龙门林场
6. 富阳市新登林场
7. 富阳市大源林场
8. 建德市新安江林场
9. 建德市建德林场
10. 建德市寿昌林场
11. 桐庐县大奇山林场
12. 桐庐县瑶琳林场
13. 临安市昌化林场
14. 临安市天目山林场
15. 淳安县新安江开发公司林业总场
16. 淳安县千岛湖林场
17. 淳安县汾口林场
18. 淳安县许源林场
19. 淳安县坪山林场
20. 淳安县富溪林场
21. 宁波市林场
22. 宁波市南溪林场
23. 宁波市北仑区林场
24. 宁波市鄞州区天童林场
25. 奉化市林场
26. 余姚市林场
27. 慈溪市林场
28. 象山县林场
29. 宁海县五山林场
30. 宁海县茶山林场
31. 瑞安市红双林场
32. 瑞安市奇云林场
33. 瑞安市福泉林场
34. 乐清市岭底林场
35. 乐清市雁荡山林场
36. 永嘉县四海山林场
37. 永嘉县正江山林场
38. 平阳县林场
39. 苍南县林场
40. 文成县石垟林场
41. 文成县叶胜林场
42. 文成县金朱林场
43. 文成县山华林场
44. 泰顺县罗阳林场
45. 泰顺县乌岩岭林场
46. 泰顺县上佛洋林场
47. 诸暨市五泄林场
48. 绍兴县林场
49. 新昌县小将林场
50. 新昌县天姥林场
51. 嵊州市林场
52. 嵊州市南山水库管理局林场
53. 平湖市林场
54. 湖州市鹿山林场
55. 德清县林场
56. 长兴县小浦林场
57. 长兴县泗安林场
58. 长兴县红山林场
59. 安吉县灵峰寺林场
60. 安吉县龙山林场
61. 金华市婺城区东方红林场
62. 金华市北山林场
63. 兰溪市乌桕良种繁育场
64. 义乌市林场
65. 东阳市林业总场
66. 永康市林场

67. 浦江县林场
68. 武义县林场
69. 磐安县园塘林场
70. 磐安县黄檀林场
71. 衢州市衢江区林场
72. 江山市林业总场
73. 常山县林场
74. 开化县林场
75. 龙游县溪口林场
76. 龙游县林场
77. 台州市黄岩区方山下林场
78. 台州市黄岩区大寺基林场
79. 临海市林场
80. 天台县宝华林场
81. 天台县华顶林场
82. 三门县林场
83. 仙居县萍溪林场
84. 仙居县苗辽林场
85. 丽水市实验林场
86. 丽水市莲都区林场
87. 丽水市莲都区峰源林场
88. 龙泉市林场
89. 龙泉市山坑林场
90. 缙云县林场
91. 缙云县括苍山林场
92. 青田县石门洞林场
93. 青田县金鸡山林场
94. 青田县八面湖林场
95. 青田县大垟山林场
96. 青田县峰山林场
97. 景宁县林业总场
98. 云和县仙宫湖林场
99. 云和县林场
100. 庆元县庆元林场
101. 庆元县万里林场
102. 遂昌县湖山林场
103. 遂昌县牛头山林场
104. 遂昌县白马山林场
105. 遂昌县贵洋林场
106. 松阳县湖溪林场
107. 松阳县林村林场
108. 舟山市林场
109. 舟山市普陀山林场
110. 嵊泗县宫山林场
111. 浙江省林业科学研究院午潮山林场
112. 长兴县林场

安徽省（共140个）

1. 肥西县林场
2. 肥东县林场
3. 亳州市谯城区核桃林场
4. 涡阳县单集林场
5. 蒙城县白杨林场
6. 砀山县林场
7. 砀山县官庄林场
8. 萧县凤虎山林场
9. 萧县永堌林场
10. 萧县皇藏峪林场
11. 宿州市夹沟林场
12. 宿州市埇桥区老海寺林场
13. 怀远县大洪山林场
14. 怀远县平阿山林场
15. 五河县大巩山林场
16. 淮南市上窑林场

17. 淮南市八公山区妙山林场
18. 凤台县林场
19. 凤台县武集林场
20. 淮南市洞山林场
21. 六安市金安区燕山林场
22. 六安市裕安区林木良种场
23. 霍邱县看花楼林场
24. 霍邱县西山林场
25. 霍山县佛子岭林场
26. 霍山县马家河林场
27. 霍山县青尖林场
28. 霍山县茅山林场
29. 金寨县马宗岭林场
30. 金寨县鲍家窝林场
31. 金寨县窝川林场
32. 金寨县康王寨林场
33. 金寨县九峰尖林场
34. 金寨县天堂寨林场
35. 舒城县小涧冲林场
36. 寿县八公山林场
37. 滁州市琅琊山林场
38. 沙河集林业总场藕塘林场
39. 沙河集林业总场白米山林场
40. 沙河集林业总场皇甫山林场
41. 沙河集林业总场岱山林场
42. 沙河集林业总场关山林场
43. 沙河集林业总场长山林场
44. 沙河集林业总场长冲林场
45. 沙河集林业总场大柳林场
46. 管店林业总场管店林场
47. 管店林业总场石门山林场
48. 管店林业总场三界林场
49. 管店林业总场老嘉山林场
50. 管店林业总场卞庄林场
51. 管店林业总场红心林场
52. 凤阳县曹店林场
53. 阳县白云山林场
54. 凤阳县大银山林场
55. 全椒县瓦山林场
56. 全椒县孤山林场
57. 全椒县大山林场
58. 全椒县马厂林场
59. 全椒县黄栗树林场
60. 来安县长山林场
61. 来安县宝山林场
62. 来安县复兴林场
63. 来安县半塔林场
64. 明光市国营西桃园林场
65. 明光市国营紫阳林场
66. 明光市国营鲁山林场
67. 定远县西洋山林场
68. 定远县范岗林场
69. 定远县大金山林场
70. 定远县泉邬山林场
71. 滁州市南谯区红牙山林场
72. 巢湖市居巢区巢南林场
73. 庐江县东顾山林场
74. 庐江县百花寨林场
75. 无为县周家大山林场
76. 无为县打鼓林场
77. 含山县太湖山林场
78. 含山县苍山林场
79. 和县如方山林场
80. 和县鸡笼山林场
81. 安庆市大龙山林场
82. 岳西县林业总场
83. 潜山县驼岭林场
84. 潜山县天柱山林场

85. 枞阳县将军庙林场
86. 宿松县林场
87. 马鞍山市林场
88. 当涂县横山林场
89. 当涂县青山林场
90. 当涂县围屏山林场
91. 南陵县丫山林场
92. 南陵县戴公山林场
93. 铜陵市国营林场
94. 铜陵县国营叶山林场
95. 东至县梅城林场
96. 东至县香口林场
97. 东至县金寺山林场
98. 石台县仙宇山林场
99. 石台县中龙山林场
100. 石台县黄沙坑山林场
101. 青阳县西华林场
102. 青阳县南阳林场
103. 宣城市宣州区麻姑山林场
104. 宣城市宣州区夏渡林场
105. 宣城市宣州区高立洪林场
106. 宣城市宣州区青隐山林场
107. 宣城市宣州区杨林林场
108. 泾县马头林场
109. 泾县景星林场
110. 泾县白华林场
111. 泾县小溪实验林场
112. 宁国市胡乐林场
113. 广德县化古林场
114. 郎溪县高井庙林场
115. 郎溪县高伍牙山林场
116. 旌德县庙首林场
117. 旌德县蔡家桥林场
118. 旌德县南关林场
119. 绩溪县镇头林场
120. 绩溪县扬溪林场
121. 黄山市博村林场
122. 黄山市黄山区黄山公益林场
123. 黄山市黄山区游山公益林场
124. 黄山市黄山区芦山公益林场
125. 黄山市黄山区洋湖公益林场
126. 歙县石门林场
127. 歙县许村林场
128. 歙县水竹坑林场
129. 歙县特种经济林场
130. 歙县桂林林场
131. 歙县实验林场
132. 休宁县西田林场
133. 休宁县石田林场
134. 休宁县岭下林场
135. 休宁县岭南林场
136. 祁门县西武岭林场
137. 祁门县大洪岭林场
138. 黟县林场
139. 东庵林场
140. 二姑尖林场

福建省（共238个）

1. 泉州罗溪国有林场
2. 晋江玷头国有林场
3. 南安五台山国有林场
4. 南安罗山国有林场
5. 安溪竹园国有林场
6. 安溪半林国有林场
7. 安溪丰田国有林场
8. 安溪白濑国有林场

9. 惠安赤湖国有林场
10. 永春碧卿国有林场
11. 永春大荣国有林场
12. 德化葛坑国有林场
13. 厦门坂头国有防护林场
14. 厦门天竺山国有林场
15. 同安汀溪国有林场
16. 同安祥溪国有林场
17. 莆田白云国有林场
18. 莆田黄龙国有林场
19. 仙游溪口国有林场
20. 闽侯南屿国有林场
21. 闽侯桐口国有林场
22. 闽侯白沙国有林场
23. 闽清美菰国有林场
24. 闽清白云山国有林场
25. 永泰大湖国有林场
26. 长乐大鹤国有防护林场
27. 福清灵石国有林场
28. 连江陀市国有林场
29. 连江长龙国有林场
30. 罗源国有林场
31. 平潭国有防护林场
32. 古田水库国有防护林场
33. 古田黄田国有林场
34. 福安化蛟国有林场
35. 福安蟾溪国有林场
36. 周宁腊洋国有林场
37. 周宁香洋国有林场
38. 霞浦水门国有林场
39. 霞浦杨梅岭国有林场
40. 寿宁景山国有林场
41. 屏南古峰国有林场
42. 宁德福口国有林场
43. 福鼎后坪国有林场
44. 洋口国有林场
45. 国有西芹教学林场
46. 国有南平市郊教学林场
47. 国有来舟林业试验场
48. 国有莘口教学林场
49. 福州国家森林公园
50. 南平峡阳国有林场
51. 南平葫芦山国有林场
52. 南平樟湖国有林场
53. 顺昌埔上国有林场
54. 顺昌路马头国有林场
55. 建阳范桥国有林场
56. 建瓯水西国有林场
57. 浦城大庄园有林场
58. 浦城寨下国有林场
59. 浦城石陂国有林场
60. 邵武故县国有林场
61. 邵琥卫闽国有林场
62. 邵武和平国有林场
63. 武夷山国有林场
64. 光泽止马国有林场
65. 光泽华桥国有林场
66. 松溪国有林场
67. 政和国有林场
68. 三明市郊国有林场
69. 明溪国有林场
70. 宁化国有林场
71. 清流国有林场
72. 永安国有林场
73. 大田桃源国有林场
74. 大田梅林国有林场
75. 尤溪国有林场
76. 沙县水南国有林场

77. 沙县官庄国有林场
78. 将乐国有林场
79. 建宁国有林场
80. 泰宁国有林场
81. 长汀楼子坝国有林场
82. 漳平五一国有林场
83. 连城邱家山国有林场
84. 上杭白砂国有林场
85. 琥平南坊国有林场
86. 永定仙岽林场
87. 漳州天宝国有林场
88. 龙海林下国有林场
89. 龙海九龙岭国有林场
90. 长泰岩溪国有林场
91. 长泰亭下国有林场
92. 东山赤山国有林场
93. 华安金山国有林场
94. 华安利水国有林场
95. 华安西陂国有林场
96. 华安葛山国有林场
97. 云霄园岭国有林场
98. 漳浦中西国有林场
99. 漳浦下蔡国有林场
100. 诏安湖内国有林场
101. 诏安岭下溪国有林场
102. 平和国强国有林场
103. 平和长芦国有林场
104. 平和天马国有林场
105. 南靖国有林场
106. 南靖永丰国有林场
107. 延平区峡阳采育场
108. 延平区南州采育场
109. 延平区溪后采育场
110. 大凤采育场
111. 延平区巨口采育场
112. 延平区太平试验林场
113. 延平区延夏林场
114. 延平区城郊林场
115. 邵武市二都采育场
116. 邵武市洪墩采育场
117. 邵武市张厝采育场
118. 邵武市龙湖采育场
119. 邵武市山口采育场
120. 邵武市槎溪采育场
121. 武夷山市大安采育场
122. 武夷山市长滩采育场
123. 武夷山市岭头采育场
124. 武夷山市横源采育场
125. 武夷山市木竹产品购销经营站
126. 武夷山市武夷木材转运站
127. 建瓯市采育场总场
128. 建阳市溪东业采育场
129. 建阳市坤中采育场
130. 建阳市大阐采育场
131. 建阳市外墩采育场
132. 建阳市红旗采育场
133. 建阳市蕉溪采育场
134. 建阳市桂林采育场
135. 建阳市绿业林场
136. 建阳市综合林场
137. 建阳市绿盛林场
138. 建阳市绿鑫林场
139. 建阳市马坑经营所
140. 顺昌县国有林场
141. 浦城县际岭采育场
142. 浦城县大河采育场
143. 浦城县榆坞采育场
144. 浦城县禾垅采育场

145. 浦城县党溪经营所
146. 浦城县渡头林场
147. 浦城县综合林场
148. 光泽县官桥采育场
149. 光泽县大青采育场
150. 光泽县西口采育场
151. 光泽县饶坪国有林经营所
152. 松溪县黄沙采育场
153. 松溪县坑口采育场
154. 松溪县投资公司
155. 政和县石门采育场
156. 政和县松源采育场
157. 政和县洞宫林场
158. 三元区吉口林采育场
159. 三元区龙泉采育场
160. 三元区白叶坑采育场
161. 三元区楼源采育场
162. 三元区中村采育场
163. 梅列区台江采育场
164. 梅列区陈大采育场
165. 明溪县沂洲采育场
166. 明溪县福田寨采育场
167. 明溪县箭竹坪采育场
168. 清流县拔口采育场
169. 清流县庄前采育场
170. 清流县下和采育场
171. 清流县芹口采育场
172. 清流县廖武采育场
173. 清流县国管站
174. 宁化县溪口采育场
175. 宁化县谢坊采育场
176. 宁化县丰坪采育场
177. 宁化县基地管理站
178. 永安市半村场
179. 永安市大坑场
180. 永安市福庄场
181. 永安市元沙场
182. 永安市福溪场
183. 永安市燕江站
184. 永安市小陶站
185. 大田赤头坂采育场
186. 大田国有林管理站
187. 尤溪县包溪采育场有限公司（原尤溪县包溪采育场）
188. 尤溪县湆头采育有限公司（原尤溪县湆头采育场）
189. 尤溪县国有林管理站
190. 沙县国有林管理站
191. 沙县采育总场（含原杉口/灵元异州/涌溪经营所）
192. 将乐县邓坊采育场
193. 将乐县楼杉采育场
194. 将乐县将溪采育场
195. 泰宁县北斗采育场
196. 泰宁县水源采育场
197. 建宁县枫源采育场
198. 建宁县武调采育场
199. 建宁县大元采育场
200. 建宁县溪源采育场
201. 龙岩市禾坑采育场
202. 新罗区万安采育场
203. 新罗区吕风采育场
204. 永定县丰田采育场
205. 永定县金风采育场
206. 永定县仙峰采育场
207. 永定县金林采育场
208. 永定县金丰采育场
209. 永定县灌洋林场

210. 上杭县古田采育场
211. 上杭县溪口采育场
212. 武平县朝阳采育场
213. 武平县三联采育场
214. 武平县帽布采育场
215. 武平县木材公司
216. 长汀县葛坪采育场
217. 长汀县小金采育场
218. 长汀县中磺采育场
219. 连城县曲溪采育场
220. 连城县新地采育场
221. 漳平市久鸣采育场
222. 漳平市小溪采育场
223. 漳平市城口采育场
224. 漳平市赤洋采育场
225. 南靖县新富林场
226. 福建省树海林业发展有限公司（原南靖县国有树海、天奎、永溪采育场）
227. 闽峰林业发展有限公司（原永溪采育场小溪口工区）
228. 平和县三墩经营所
229. 德化县竹木投资经营有限公司
230. 德化县石龙溪采育场
231. 德化县南埕林果场
232. 德化县大张溪林场
233. 德化县林业实业公司
234. 永春县介福林场
235. 永春县牛姆林国有林经营所
236. 永春县溪塔采育场
237. 南安县南金林场
238. 泉州市泉港笔架林场

江西省（共434个）

1. 安义县桥岭林场
2. 南昌县白虎岭林场
3. 新建县红林林场
4. 新建县岭背林场
5. 进贤县石灰岭林场
6. 进贤县红旗林场
7. 进贤县观花岭林场
8. 进贤县大公岭林场
9. 进贤县北岭林场
10. 进贤县前岭林场
11. 进贤县麻山林场
12. 江西省新华林场
13. 南昌市湾里区长岭林场
14. 南昌市湾里区向阳林场
15. 南昌市湾里区友谊林场
16. 南昌市湾里区茶岭林场
17. 南昌市茶园山林场
18. 瑞昌市大德山林场
19. 瑞昌市青山林场
20. 武宁县林场
21. 修水县林场
22. 永修县附坝林场
23. 德安县彭山林场
24. 星子县东牯山林场
25. 湖口县三里林场
26. 都昌县武山林场
27. 都昌县红光林场
28. 都昌县朝阳林场
29. 彭泽县黄乐林场
30. 江西省职业教育培训中心三叠泉茶林场
31. 九江市庐山区马祖山林场

32. 九江市实验林场
33. 九江县岷山林场
34. 江西庐山林场
35. 景德镇枫树山林场
36. 景德镇昌江区林场
37. 浮梁县银坞林场
38. 乐平市鹄山林场
39. 乐平市白土峰林木良种场
40. 乐平洪岩林场
41. 乐平历居山林场
42. 乐平五峰山林场
43. 乐平市文山林场
44. 萍乡市玉女峰林场
45. 萍乡市南坑林场
46. 萍乡市大安营林林场
47. 萍乡市源溢林场
48. 萍乡市五峰林场
49. 萍乡市小坑林场
50. 上栗县青溪营林林场
51. 莲花县大乐坪林场
52. 莲花县五里山林场
53. 莲花县棋盘山林场
54. 分宜县芳山林场
55. 分宜县大砻下林场
56. 分宜县昌山林场
57. 分宜县钤北林场
58. 新余市渝水区百丈峰林场
59. 新余市仙女湖区东坑林场
60. 贵溪三县岭营林林场
61. 龙虎山上清林场
62. 余江县高公寨营林林场
63. 余江县塘潮源营林林场
64. 赣县牛岭林场
65. 赣县南岭坳林场
66. 赣县瑞峰山林场
67. 南康市大山脑林场
68. 南康市云峰山林场
69. 南康市章坑寨林场
70. 南康市太和林场
71. 信丰县金盆山林场
72. 信丰县油山林场
73. 信丰县九龙林场
74. 信丰县坪石林场
75. 信丰县万隆林场
76. 信丰县良种场
77. 信丰县余村林场
78. 信丰县西牛林场
79. 信丰县金鸡林场
80. 信丰县隘高林场
81. 大余县烂泥迳林场
82. 大余县黄溪毛竹林场
83. 上犹县平富林场
84. 崇义县新溪毛竹营林林场
85. 安远县高云山林场
86. 安远县牛犬山林场
87. 安远县安子岽林场
88. 龙南县九连山林场
89. 龙南县安基山林场
90. 龙南县速生丰产林基地林场
91. 定南县试验林场
92. 定南县云台山林场
93. 全南县茅山林场
94. 全南县小叶岽林场
95. 全南县五指山林场
96. 全南县金竹林场
97. 全南县圆明山林场
98. 全南县高峰林场
99. 全南县上岽林场

100. 宁都县横江林场
101. 宁都县小布林场
102. 宁都县赖村林场
103. 于都县银坑林场
104. 于都县罗田岩生态林场
105. 兴国县园岭林场
106. 瑞金市日东营林林场
107. 会昌县凤凰崇林场
108. 寻乌县桂竹帽营林林场
109. 寻乌县澄江林场
110. 石城县罗家林场
111. 石城县东华山林场
112. 石城县金华山林场
113. 赣州市峰山营林林场
114. 赣州市犹江林场
115. 赣南树木园
116. 靖安县红岗林场
117. 靖安县试验林场
118. 奉新县联营林场
119. 高安市荷岭林场
120. 高安市实验林场
121. 上高县上甘山林场
122. 上高县九峰林场
123. 上高县蒙山林场
124. 上高县实验林场
125. 万载县试验林场
126. 铜鼓县城郊林场
127. 宜春市袁州区金化林场
128. 宜春市袁州区天台山林场
129. 宜春市袁州区速丰果园林场
130. 樟树市五脑峰林场
131. 樟树市官塘林场
132. 樟树市试验林场
133. 丰城市株山林场
134. 丰城市坪荫林场
135. 上饶市云碧峰国有林场
136. 宜丰县城郊林场
137. 德兴市大茅山林场
138. 德兴市银山林场（含李宅）
139. 广丰县黄尖山林场
140. 广丰县铜钹山林场
141. 婺源县太白林场
142. 婺源县小沱林场
143. 婺源县西冲林场
144. 婺源县秋口林场
145. 婺源县晓容林场
146. 婺源县珍珠山林场
147. 弋阳县三县岭营林林场
148. 弋阳县旭光营林林场
149. 弋阳县磨盘山营林林场
150. 弋阳县三门岭营林林场
151. 弋阳县信江营林林场
152. 弋阳县大源岭营林林场
153. 余干县李梅林场
154. 余干县峡山林场
155. 余干县试验林场
156. 鄱阳县芭茅岭林场
157. 鄱阳县莲花山林场
158. 铅山县武夷山林场
159. 铅山县黄岗山林场
160. 铅山县营林林场
161. 上饶县五府山林场（含高洲）
162. 上饶县前程林场
163. 上饶县营林林场
164. 万年县万年峰林场
165. 万年县金鸡山林场
166. 万年县五里长山经济林场
167. 万年县山家寨林场

168. 玉山县东方红林场
169. 横峰县排楼林场
170. 三清山管委会三清山林场
171. 三清山风景名胜区岭头山林场
172. 吉安市青原区白云山林场
173. 吉安市青原区滩头营林林场
174. 吉安县天河林场
175. 吉安县三芳林场
176. 吉安县九龙林场
177. 吉安县双江林场
178. 吉安县马山林场
179. 吉水县芦溪岭林场
180. 吉水县周岭林场
181. 吉水县双村林场
182. 吉水县万华山林场
183. 峡江县林木良种场
184. 峡江县玉笥山林场
185. 峡江县金山林场
186. 峡江县凤凰山林场
187. 新干县黎山林场
188. 永丰县官山林场
189. 永丰县古县营林林场
190. 安福县明月山林场
191. 安福县北华山林场
192. 安福县谷源山林场
193. 安福县坳上林场
194. 安福县陈山林场
195. 安福县金顶毛竹林场
196. 吉安市武功山林场
197. 遂川县云岭林场
198. 遂川县五指峰林场
199. 永新县七溪岭林场
200. 泰和县林业局南车林场
201. 泰和县天马山营林林场
202. 泰和县芦居山营林林场
203. 泰和县林业局狗子脑林果场
204. 万安县棉津毛竹林场
205. 万安县宝山营林林场
206. 万安县飞播林场
207. 井冈山市林场
208. 井冈山市长坪营林林场
209. 井冈山市拿山营林林场
210. 井冈山市厦坪林场
211. 井冈山小溪洞林场
212. 井冈山朱砂冲林场
213. 井冈山茨坪林场
214. 井冈山大井林场
215. 井冈山长古岭林场
216. 井冈山罗浮林场
217. 吉安市青原山试验林场
218. 抚州市温泉实验林场
219. 抚州市临川区腾桥林场
220. 抚州市临川区展坪林场
221. 抚州市临川区魏坊林场
222. 崇仁县速生丰产实验林场
223. 南城县洪门岭林场
224. 南城县界山岭林场
225. 南丰县付坊林场
226. 南丰县实验林场
227. 南丰县大坪嵊林场
228. 金溪县马尾泉试验林场
229. 宜黄县河桥林场
230. 东乡县甘坑林场
231. 东乡县实验林场
232. 资溪县实验林场
233. 黎川县樟村林场
234. 黎川县丰戈林场
235. 广昌县盱江林场

236. 广昌县长桥林场
237. 广昌县尖峰林场
238. 广昌县头陂林场
239. 乐安县实验林场
240. 江西省林业科技示范林场
241. 崇义县朱坑营林林场
242. 江西省涂家埠贮木场凤凰山林场
243. 永修林丰林场
244. 景德镇市绿达林场
245. 莲花县高洲林场
246. 莲花县寒山林场
247. 莲花县河江林场
248. 莲花县罗市林场
249. 莲花县珊溪林场
250. 莲花县神泉林场
251. 武宁县安乐林林场
252. 武宁县采育林场
253. 修水县黄坳林场
254. 修水县黄沙港林场
255. 修水县茅竹山林场
256. 修水县林业公司彭桥林场
257. 修水县林业公司双洞林场
258. 修水县双桐林场
259. 修水县万亩林场
260. 永修县泉嗣坳林场
261. 永修县柘林采育林场
262. 德安县关山采育林场
263. 新余市夏莲林场
264. 分宜县下陂林场
265. 余江县马岗岭林场
266. 贵溪市双圳林场
267. 贵溪市耳口林场
268. 贵溪市西窑林场
269. 贵溪市冷水林场
270. 赣县留田林场
271. 赣县下山寮林场
272. 赣县荫掌山林场
273. 大余县长谭里林场
274. 大余县帽子峰林场
275. 大余县生态林场
276. 上犹县寺下林场
277. 上犹县五指峰林场
278. 上犹县新江林场
279. 崇义县丰州林场
280. 崇义县高坌林场
281. 崇义县龙峰林场
282. 崇义县密溪林场
283. 崇义县聂都林场
284. 崇义县石罗林场
285. 崇义县思顺林场
286. 崇义县天台山林场
287. 崇义县桐梓林场
288. 安远县葛坳林场
289. 安远县甲江林场
290. 安远县孔田林场
291. 安远县龙布林场
292. 安远县天心林场
293. 龙南县八一九林场
294. 龙南县夹湖林场
295. 龙南县棋棠山林场
296. 龙南县寨仔林场
297. 龙南县洒源林场
298. 定南县蔡阳林场
299. 定南县含湖林场
300. 定南县上寨林场
301. 全南县高全林场
302. 全南县蕉头坑林场

303. 全南县李家洞林场
304. 全南县兆坑林场
305. 宁都县大沽林场
306. 宁都县墩土岭林场
307. 宁都县固村林场（含里迳林场）
308. 于都县祁禄山林场
309. 于都县仁风林场
310. 于都县小溪林场
311. 兴国县蕉坑林场
312. 兴国县均福山林场
313. 兴国县龙山林场
314. 会昌县板坑林场
315. 会昌县龙须岽林场
316. 会昌县清溪林场
317. 会昌县晓龙林场
318. 会昌县永隆林场
319. 寻乌县珊贝林场
320. 石城县大由林场
321. 石城县丰山林场
322. 石城县横江林场
323. 石城县桐江林场
324. 石城县洋地林场
325. 瑞金市拔英林场
326. 瑞金市关山林场
327. 瑞金市绵江林场
328. 吉安市兴桥林场
329. 吉州区曲濑果木林场
330. 青原区东固林场
331. 吉安县北源林场
332. 吉安县官田林场
333. 吉水县八都林场
334. 吉水县白沙林场
335. 吉水县冠山林场
336. 吉水县螺田林场
337. 吉水县水南林场
338. 吉水县乌江林场
339. 峡江县戈坪林场
340. 峡江县新陂林场
341. 峡江县云盘山林场
342. 新干县百丈峰林场
343. 新干县木源林场
344. 新干县云峰岭林场
345. 永丰县恩江林场
346. 永丰县君埠林场
347. 永丰县鹿冈林场（含李山林场）
348. 永丰县沙溪林场
349. 永丰县上溪林场
350. 永丰县石马林场
351. 永丰县水浆林场
352. 永丰县潭头林场（含三坊林场）
353. 永丰县中村林场
354. 泰和县百记林场
355. 泰和县碧溪林场
356. 泰和县老营盘林场
357. 泰和县桥头林场
358. 泰和县上圯林场
359. 泰和县石溪林场
360. 泰和县水槎林场
361. 遂川县林业公司采育林场
362. 万安县芦源采育林场
363. 万安县泗源采育林场
364. 永新县陈山林场
365. 永新县大沙林场
366. 永新县禾山林场
367. 永新县曲江林场
368. 永新县三湾林场
369. 永新县文竹林场
370. 永新县象形林场

371. 永新县洋埠林场
372. 井冈山市柏露林场
373. 井冈山市古城林场
374. 井冈山市黄洋界林场
375. 井冈山市九陇山林场
376. 明月山管委会明月山林场
377. 明月山管委会温汤林场
378. 袁州区新坊林场
379. 奉新县甘坊采育林场
380. 奉新县罗市林场
381. 奉新县上富林场
382. 奉新县澡下林场
383. 奉新县渣村林场
384. 万载县大西林场
385. 万载县官元山林场
386. 万载县茭湖林场
387. 万载县锦沅林场
388. 万载县胜利林场
389. 万载县左家山林场
390. 宜丰县澄塘林场
391. 宜丰县花桥林场
392. 宜丰县新昌林场
393. 宜丰县云峰尖林场
394. 靖安县北港林场
395. 靖安县大杞山生态林场
396. 靖安县高湖林场
397. 靖安县南山林场
398. 广昌县东华山林场
399. 广昌县高虎脑林场
400. 广昌县龙井林场
401. 婺源县中洲林场
402. 彭泽县海形林场
403. 宜丰县芭蕉林场
404. 铅山县篁碧采育林场
405. 靖安县三爪仑林场
406. 靖安县寿观林场
407. 靖安县烟竹林场
408. 靖安县周坊林场
409. 靖安县洲上林场
410. 乐安县石陂采育林场
411. 乐安县湖坪采育林场
412. 乐安县戴坊采育林场
413. 乐安县谷岗采育林场
414. 乐安县招携采育林场
415. 铜鼓县茶山林场
416. 铜鼓县大沩山林场
417. 铜鼓县花山林场
418. 铜鼓县龙门林场
419. 金溪县高桥林场
420. 资溪县陈坊林场
421. 资溪县高阜林场
422. 资溪县马头山林场
423. 资溪县石峡林场
424. 资溪县株溪林场
425. 黎川县岩泉林场
426. 黎川县潭下林场
427. 南丰县古城林场
428. 南城县洪源林场
429. 宜黄县上堡林场
430. 宜黄县棠阴林场
431. 宜黄县西源林场
432. 南丰县军峰林场
433. 崇仁县高洲林场
434. 高安市华林山林场

山东省（共150个）

1. 济南市国有北郊林场
2. 济南市历城区国有柳埠林场

3. 济南市历城区国有黑峪林场
4. 章丘市国有黄河林场
5. 章丘市国有胡山林场
6. 长清县国有大峰山林场
7. 长清县国有五峰山林场
8. 平阴县国有大寨山林场
9. 商河县国有商河林场
10. 济阳县国有济阳林场
11. 青岛市崂山区国有崂山林场
12. 平度市国有大泽山林场
13. 胶南市国有环海林场
14. 莱西市国有大沽河林场
15. 淄博市国有原山林场
16. 淄博市国有鲁山林场
17. 淄博市淄川区国有淄川林场
18. 临淄区国有垢樺林场
19. 高青县国有高城林场
20. 沂源县国有织女洞林场
21. 沂源县国有毫山林场
22. 沂源县国有鲁山林场
23. 沂源县国有松山林场
24. 枣庄市山亭区国有抱犊崮林场
25. 枣庄市山亭区国有鸡冠崮林场
26. 枣庄市山亭区国有龙门观林场
27. 枣庄市山亭区国有徐庄林场
28. 枣庄市山亭区国有山亭林场
29. 滕州市国有木石林场
30. 利津县国有一千二林场
31. 烟台市国有昆嵛山林场
32. 烟台市福山区国有福山林场
33. 烟台市牟平区国有玉泉寺林场
34. 长岛县国有长岛林场
35. 龙口市国有龙口林场
36. 莱阳市国有龙门寺林场
37. 莱阳市国有羊郡林场
38. 莱州市国有大山林场
39. 蓬莱市国有艾山林场
40. 招远市国有罗山林场
41. 栖霞市国有牙山林场
42. 海阳市国有招虎山林场
43. 临朐县国有沂山林场
44. 临朐县国有丹崮林场
45. 临朐县国有九山林场
46. 临朐县国有嵩山林场
47. 昌乐县国有孤山林场
48. 青州市国有杨集林场
49. 青州市国有驼山林场
50. 寿光市国有机械林场
51. 安丘市国有汶河林场
52. 微山县国有鲁山林场
53. 金乡县国有白洼林场
54. 泗水县国有安山林场
55. 泗水县国有黄山林场
56. 曲阜市国有石门寺林场
57. 曲阜市国有尼山林场
58. 邹城市国有峄山林场
59. 邹城市国有十八盘林场
60. 邹城市国有吴宝庵林场
61. 泰安市国有泰山林场
62. 泰安市国有徂徕山林场
63. 泰安市林科所国有实验林场
64. 泰安市岱岳区国有谷山林场
65. 宁阳县国有大湖林场
66. 宁阳县国有杏山林场
67. 宁阳县国有高桥林场
68. 宁阳县国有中皋林场
69. 东平县国有腊山林场
70. 新泰市国有莲花山林场

71. 新泰市国有太平山林场
72. 新泰市国有土门林场
73. 肥城市国有牛山林场
74. 威海市国有刘公岛林场
75. 威海市国有海滨林场
76. 威海市环翠区国有双岛林场
77. 文登市国有草场庵林场
78. 文登市国有天福山林场
79. 成市国有槎山林场
80. 荣成市国有成山林场
81. 荣成市国有龙山林场
82. 荣成市国有古迹顶林场
83. 乳山市国有岠嵎院林场
84. 乳山市国有垛山林场
85. 日照市东港区国有大沙洼林场
86. 莱芜市莱城区国有华山林场
87. 莱芜市莱城区国有寄母山林场
88. 莱芜市莱城区国有吉山林场
89. 莱芜市莱城区国有马鞍山林场
90. 陵县国有小王庄林场
91. 齐河县国有齐河林场
92. 平原县国有平原林场
93. 夏津县国有夏津林场
94. 乐陵市国有园艺场
95. 惠民县国有沙窝林场
96. 国营无棣县国有谭阳林场
97. 邹平县国有鹤伴山林场
98. 沂南县国有北大山林场
99. 沂南县国有孟良崮林场
100. 沂南县国有沂河林场
101. 沂南县国有鼻子山林场
102. 郯城县国有马陵山林场
103. 郯城县国有清泉寺林场
104. 沂水县国有辛子山林场
105. 沂水县国有汞丹山林场
106. 沂水县国有沂水林场
107. 沂水县国有沂河林场
108. 费县国有大青山林场
109. 费县国有塔山林场
110. 费县国有祊河林场
111. 费县国有老虎山林场
112. 费县国有许家崖林场
113. 平邑县国有锅泉林场
114. 平邑县国有明光寺林场
115. 平邑县国有四开山林场
116. 平邑县国有大洼林场
117. 平邑县国有海螺寺林场
118. 平邑县国有天宝山林场
119. 平邑县国有浚河林场
120. 平邑县国有万寿宫林场
121. 莒南县国有望海楼林场
122. 蒙阴县国有天麻林场
123. 蒙阴县国有岱崮林场
124. 蒙阴县国有中山寺林场
125. 临沭县国有柳庄林场
126. 阳谷县国有赵王河林场
127. 莘县国有十八里林场
128. 莘县国有马西林场
129. 茌平县国有广平林场
130. 茌平县国有菜屯林场
131. 冠县国有马颊河林场
132. 冠县国有毛白杨林场
133. 高唐县国有旧城林场
134. 荷泽市国有经济林场
135. 曹县国有青崮集林场
136. 定陶县国有任屯林场
137. 成武县国有白浮林场
138. 成武县国有南鲁林场

139. 单县国有故道林场
140. 单县国有大沙河林场
141. 巨野县国有独山林场
142. 郓城县国有何庄林场
143. 鄄城县国有第一林场
144. 鄄城县国有第二林场
145. 东明县国有东明集林场
146. 东明县国有三春集林场
147. 山东省国有药乡林场
148. 山东省林科院燕子山实验林场
149. 山东省林科院寿光试验站
150. 济南市长清区国有莲台山林场

河南省（共88个）

1. 国有郑州市林场
2. 国有中牟林场
3. 国有巩义林场
4. 国有登封林场
5. 国有开封市林场
6. 国有开封西寨林场
7. 国有杞县崔林林场
8. 国有通许林场
9. 国有尉氏林场
10. 国有开封县百亩岗林场
11. 国有兰考林场
12. 国有嵩县五马寺林场
13. 国有嵩县王莽寨林场
14. 国有嵩县陶村林场
15. 国有栾川龙峪湾林场
16. 国有栾川大坪林场
17. 国有栾川老君山林场
18. 国有洛宁三官庙林场
19. 国有洛宁全宝山林场
20. 国有洛宁吕村林场
21. 国有洛宁故县林场
22. 国有洛宁上戈林场
23. 国有洛宁方村林场
24. 国有新安郁山林场
25. 国有宜阳林场
26. 国有汝阳大虎岭林场
27. 国有偃师山张林场
28. 国有舞钢石漫滩林场
29. 国有汝州风穴寺林场
30. 国有鲁山林场
31. 国有叶县林场
32. 国有郏县林场
33. 国有滑县林场
34. 国有原阳林场
35. 国有延津林场
36. 国有辉县林场
37. 国有焦作林场
38. 国有修武林场
39. 国有博爱林场
40. 国有孟州林场
41. 国有范县黄河林场
42. 国有禹州林场
43. 国有襄城林场
44. 国有三门峡河西林场
45. 国有陕县窑店林场
46. 国有卢氏淇河林场
47. 国有卢氏东湾林场
48. 国有灵宝川口林场
49. 国有绳池林场
50. 河南省商丘市国有梁园区林场
51. 国有民权林场
52. 国有民权代寨林场

53. 国有宁陵林场
54. 国有睢县榆厢林场
55. 国有永城芒山林场
56. 国有虞城林场
57. 国有扶沟林场
58. 国有西华林场
59. 国有薄山林场
60. 国有确山乐山林场
61. 国有泌阳板桥林场
62. 国有泌阳马道林场
63. 国有南阳黄石庵林场
64. 国有方城大寺林场
65. 国有西峡木寨林场
66. 国有西峡烟镇林场
67. 国有南召乔端林场
68. 国有内乡万沟林场
69. 国有内乡湍河林场
70. 国有镇平五岳庙林场
71. 国有淅川荆关林场
72. 国有桐柏毛集林场
73. 国有桐柏陈庄林场
74. 国有社旗林场
75. 国有信阳南湾林场
76. 国有信阳鸡公山林场
77. 信阳市国有平桥区天目山林场
78. 国有商城黄柏山林场
79. 国有商城金岗台林场
80. 国有息县林场
81. 国有固始林场
82. 河南省国有新县林场
83. 国有罗山董寨林场
84. 国有济源蟒河林场
85. 国有济源黄楝树林场
86. 国有济源愚公林场
87. 国有济源邵原林场
88. 国有济源大沟河林场

湖北省（共230个）

1. 赤壁市官塘驿林场
2. 赤壁市陆水湖林场
3. 崇阳县古市林场
4. 通山县大幕山林场
5. 通山县北山林场
6. 通山县九宫山林场
7. 通城县黄龙林场
8. 通城县黄袍林场
9. 通城县岳姑林场
10. 通城县鹿角山林场
11. 嘉鱼县仙人洞林场
12. 咸宁市潜山林场
13. 咸宁市咸安区白云山林场
14. 咸宁市咸安区小岭林场
15. 通山县鸡口山林场
16. 通山县太平山林场
17. 通山县石航山林场
18. 通山县太阳山林场
19. 通山县长林山林场
20. 通山县高湖林场
21. 通山县朦胧岭林场
22. 通山县一盘丘林场
23. 通山县黄金尖林场
24. 通山县凤池山林场
25. 咸宁市咸安区澄水洞林场
26. 通城县锡山林场
27. 嘉鱼市牛头山林场
28. 嘉鱼市虎山林场

29. 黄冈市黄州区李家洲林场
30. 团风县大崎山林场
31. 红安县老君山林场
32. 红安县天台山林场
33. 红安县紫云寨林场
34. 红安县游仙山林场
35. 红安县大斛山林场
36. 麻城市狮子峰林场
37. 麻城市西张店林场
38. 麻城市五脑山林场
39. 罗田县天堂寨林场
40. 罗田县青台关林场
41. 罗田县薄刀峰林场
42. 罗田县观音山林场
43. 罗田县黄狮寨林场
44. 英山县桃花冲林场
45. 英山县吴家山林场
46. 浠水县华桂山林场
47. 浠水县三角山林场
48. 浠水县天然寺林场
49. 武穴市四股平林场
50. 黄梅县五祖寺林场
51. 蕲春县向桥林场
52. 蕲春县横岗山林场
53. 蕲春县太平林场
54. 蕲春县牛皮寨林场
55. 襄樊市试验林场
56. 襄樊市张公祠林场
57. 襄樊市襄阳区鹿门寺林场
58. 襄樊市襄城区隆中林场
59. 宜城市长北山林场
60. 宜城市金牛山林场
61. 宜城市黑石沟林场
62. 老河口市百花山林场
63. 枣阳市大阜山林场
64. 枣阳市青峰岭林场
65. 枣阳市白竹园寺林场
66. 南漳县七里山林场
67. 南漳县凤凰山林场
68. 南漳县神龙山林场
69. 谷城县薤山林场
70. 谷城县汉江林场
71. 保康县官山林场
72. 保康县大水林场
73. 十堰市黄龙林场
74. 十堰市茅箭区五条岭林场
75. 十堰市茅箭区赛武当林场
76. 十堰市张湾区大坝林场
77. 十堰市大佛山采育林场
78. 十堰市天堂林场
79. 十堰市深河林场
80. 十堰市西蒿林场
81. 十堰市毛家山林场
82. 十堰市代东河林场
83. 十堰市牛头山林场
84. 丹江口市龙口林场
85. 武当山特区武当山林场
86. 郧县红岩背林场
87. 郧县伏山林场
88. 郧西县黄龙山林场
89. 郧西县佘家湾林场
90. 郧西县六官坪林场
91. 房县五台山林场
92. 房县杨岔山林场
93. 房县九口山林场
94. 竹溪县源茂林场
95. 竹溪具标湖林场
96. 竹溪县八卦山林场

97. 竹溪县双竹林场
98. 竹山县白玉垭林场
99. 竹山县九华山林场
100. 宜昌市大老岭林场
101. 宜昌市金银岗林场
102. 宜昌市夷陵区樟村坪林场
103. 宜昌市夷陵区望江山林场
104. 长阳县土地岭林场
105. 长阳县观坪林场
106. 长阳县银峰林场
107. 远安县任家岗林场
108. 远安县大堰林场
109. 兴山县坟淌坪林场
110. 兴山县后坪林场
111. 兴山县龙门河林场
112. 秭归县九岭头林场
113. 五峰县北风垭林场
114. 五峰县壶坪山林场
115. 五峰县大花坪林场
116. 宜都市松乐山林场
117. 当阳市香炉山林场
118. 当阳市跑马岗林场
119. 当阳市玉泉寺林场
120. 当阳市紫盖寺林场
121. 当阳市郭家场林场
122. 当阳市九子山林场
123. 恩施市西流水林场
124. 恩施市前山林场
125. 恩施市百户湾林场
126. 恩施市富尔山林场
127. 恩施市铜盆水林场
128. 恩施市望城坡林场
129. 恩施市太山庙林场
130. 来凤县国有中华山林场
131. 建始县穿洞子林场
132. 鹤峰县八峰山林场
133. 鹤峰县木林子林场
134. 鹤峰县分水岭林场
135. 鹤峰县走马林场
136. 来凤县胡家坪林场
137. 宣恩县雪落寨林场
138. 咸丰县坪坝营林场
139. 利川市石板岭林场
140. 利川市福宝山林场
141. 利川市甘溪山林场
142. 利川市金子山林场
143. 巴东县巴山林场
144. 建始县高岩子林场
145. 建始县长岭岗林场
146. 建始县肖家坪林场
147. 建始县东坪林场
148. 孝感市双锋林场
149. 孝感市泉水寨林场
150. 孝感市草山林场
151. 孝感市梅子林场
152. 大悟县仙居顶林场
153. 大悟县娘娘顶林场
154. 大悟县五岳山林场
155. 大悟县李园林场
156. 安陆市白兆山林场
157. 安陆市黄金寨林场
158. 应城市有名店林场
159. 汉川市业集林场
160. 孝昌县陆山林场
161. 荆门市十里牌林场
162. 荆门市彭场林场
163. 荆门市高山林场
164. 荆门市纪山林场

165. 荆门市种苗站（沙洋林场）
166. 荆门市帅店林场
167. 钟祥市大口林场
168. 钟祥市鸡鸣寺林场
169. 钟祥市盘石岭林场
170. 钟祥市花山寨林场
171. 京山县虎爪山林场
172. 京山县观音岩林场
173. 荆州市荆州区红旗林场
174. 荆州市荆州区八岭山林场
175. 石首市桃花山林场
176. 公安县三台林场
177. 公安县黄山头林场
178. 监利县南洲窑林场
179. 松滋市玛峪河林场
180. 松滋市北大山林场
181. 随州市曾都区大洪山林场
182. 随州市曾都区七尖峰林场
183. 随州市曾都区谢家寨林场
184. 随州市花山林场
185. 广水市中华山林场
186. 广水市大贵寺林场
187. 武汉市江夏区青龙山林场
188. 武汉市蔡甸区九真林场
189. 武汉市蔡甸区嵩阳林场
190. 武汉市黄陂区木兰山林场
191. 武汉市新洲区将军山林场
192. 武汉市蔡甸区洪北林场
193. 武汉市新洲区余集林场
194. 武汉市新洲区柳河林场
195. 武汉市新洲区涨渡湖林场
196. 武汉市新洲区林科所
197. 武汉市新洲区苗圃场
198. 鄂州市沼山林场
199. 鄂州市白雉山林场
200. 鄂州市麻羊垴林场
201. 鄂州市林业科学研究所
202. 鄂州市东佛园艺场
203. 大冶市云台山林场
204. 大冶市黄坪山林场
205. 阳新县七峰山林场
206. 阳新县月山林场
207. 仙桃市赵西垸林场
208. 仙桃市刘家垸林场
209. 潜江市东荆林场
210. 潜江市东风林场
211. 潜江市苏湖林场
212. 潜江市林木良种场
213. 潜江市潜江森林公园
214. 天门市长寿林场
215. 天门市佛子山林场
216. 天门市陈场林场
217. 神农架林区温水林场
218. 神农架林区木鱼林场
219. 神农架林区红坪林场
220. 神农架林区红花朵林场
221. 神农架林区徐家庄林场
222. 神农架林区新华林场
223. 神农架林科所
224. 湖北省太子山林管局
225. 湖北省桂花林管局
226. 湖北省林场站沙口林场
227. 湖北省林科院实验林场
228. 黄岗市五峰山林场
229. 黄岗市英山尖林场
230. 黄岗市界子墩林场

湖南省（共186个）

1. 浏阳市大围山国有林场
2. 宁乡县黄材国有林场
3. 宁乡县城大国有林场
4. 湘乡市东山国有林场
5. 湘乡市褒忠山国有林场
6. 株洲县军山国有林场
7. 株洲县凤凰山国有林场
8. 攸县黄丰桥国有林场
9. 茶陵县云阳国有林场
10. 炎陵县青石岗国有林场
11. 炎陵县桃源洞国有林场
12. 醴陵市水口山国有林场
13. 醴陵市樟仙岭国有林场
14. 衡阳市南岳区南岳国有林场
15. 衡阳县岣嵝峰国有林场
16. 衡阳县九峰国有林场
17. 衡阳县陈坪国有林场
18. 衡阳县三阳国有林场
19. 衡山县紫金山国有林场
20. 衡东县四方山国有林场
21. 祁东县四明山国有林场
22. 常宁市弥泉国有林场
23. 耒阳市五峰仙国有林场
24. 岳阳县大云山国有林场
25. 岳阳市君山区天井山国有林场
26. 临湘市五尖山国有林场
27. 临湘市荆竹山国有林场
28. 临湘市白石园国有林场
29. 临湘市药菇山国有林场
30. 华容县塔市国有林场
31. 华容县胜峰国有林场
32. 平江县芦头国有林场
33. 平江县福寿国有林场
34. 平江县连云国有林场
35. 汨罗市玉池国有林场
36. 汨罗市桃林国有林场
37. 平江县幕阜山林场
38. 沅江市龙虎山国有林场
39. 桃江县板溪国有林场
40. 桃江县石井头国有林场
41. 桃江县浮丘山国有林场
42. 桃江县桃花江林场
43. 安化县芙蓉国有林场
44. 安化县洞市国有林场
45. 安化县柘溪林场
46. 常德市常德国有林场
47. 常德市河袱国有林场
48. 安乡县黄山头国有林场
49. 澧县天供山国有林场
50. 桃源县牯牛山国有林场
51. 桃源县桃花源国有林场
52. 桃源县白鹤山国有林场
53. 桃源县天台山国有林场
54. 石门县洛浦国有林场
55. 石门县白云山国有林场
56. 石门县大同山国有林场
57. 石门县夹山国有林场
58. 石门县观国山国有林场
59. 津市国有林场
60. 岳阳市武陵区德山国有林场
61. 岳阳市鼎城区花岩溪林场
62. 冷水江市毛易国有林场
63. 涟源市龙山国有林场
64. 涟源市包围山国有林场
65. 双峰县九峰山国有林场
66. 双峰县猪婆山国有林场

67. 双峰县黄龙国有林场
68. 新化县古台山国有林场
69. 新化县大熊山国有林场
70. 怀化市泸阳国有林场
71. 洪江市雪峰山国有林场
72. 沅陵县仙门国有林场
73. 沅陵县齐眉国有林场
74. 辰溪县仙人岩国有林场
75. 溆浦县小横垅国有林场
76. 溆浦县雷峰山国有林场
77. 溆浦县让家溪国有林场
78. 溆浦县中都国有林场
79. 溆浦县兰岗山国有林场
80. 麻阳苗族自治县西晃山国有林场
81. 新晃侗族自治县天雷山国有林场
82. 芷江侗族自治县五郎溪国有林场
83. 靖州苗族侗族自治县排牙山国有林场
84. 通道侗族自治县地连国有林场
85. 洪江市洪江林场
86. 张家界国有林场
87. 张家界市永定区猪石头国有林场
88. 张家界市永定区石长溪国有林场
89. 张家界市永定区漩水国有林场
90. 张家界市永定区白云庵林场
91. 慈利县江垭国有林场
92. 桑植县西界林场
93. 桑植县四门岩林场
94. 张家界市武陵源区索溪峪林场
95. 邵东县黄草坪国有林场
96. 邵东县皇帝岭国有林场
97. 邵东县猪婆山国有林场
98. 新邵县岱山国有林场
99. 新邵县大形山国有林场
100. 新邵县龙山国有林场
101. 邵阳县河伯岭国有林场
102. 邵阳县五丰铺国有林场
103. 邵阳县反封岭国有林场
104. 隆回县大东山国有林场
105. 隆回县白马山国有林场
106. 隆回县望云山国有林场
107. 隆回县九龙山国有林场
108. 洞口县大湾国有林场
109. 洞口县月溪国有林场
110. 洞口县桐山国有林场
111. 洞口县那溪国有林场
112. 洞口县桥头国有林场
113. 武冈市武冈国有林场
114. 绥宁县堡子岭国有林场
115. 绥宁县寨市国有林场
116. 绥宁县庙湾国有林场
117. 新宁县东岭国有林场
118. 新宁县金子岭国有林场
119. 新宁县舜皇山国有林场
120. 新宁县紫云山国有林场
121. 新宁县万峰国有林场
122. 城步苗族自治县燕子山国有林场
123. 城步苗族自治县青界山国有林场
124. 城步苗族自治县南洞国有林场
125. 城步苗族自治县云马国有林场
126. 城步苗族自治县金紫山国有林场
127. 隆回县木瓜山林场
128. 新宁县谢家岭林场
129. 郴州市莽山国有林业管理局
130. 郴州市苏仙岭国有林场

131. 郴州市苏仙区五盖山国有林场
132. 资兴市滁口国有林场
133. 资兴市天鹅山国有林场
134. 桂阳县太和国有林场
135. 永兴县矮塘铺国有林场
136. 宜章县骑田国有林场
137. 宜章县溶家洞国有林场
138. 嘉禾县南岭国有林场
139. 临武县东山国有林场
140. 临武县西山国有林场
141. 汝城县大坪国有林场
142. 汝城县益将国有林场
143. 汝城县暖水国有林场
144. 桂东县宋坪国有林场
145. 安仁县大石国有林场
146. 安仁县公木国有林场
147. 永州市金洞国有林场
148. 永州市芝山区石岩头国有林场
149. 永州市芝山区水口山国有林场
150. 永州市芝山区大庙头国有林场
151. 东安县大庙口国有林场
152. 东安县黄泥洞国有林场
153. 道县月岩国有林场
154. 道县桥头国有林场
155. 宁远县雾云山国有林场
156. 宁远县九嶷山国有林场
157. 宁远县白云山国有林场
158. 宁远县洋塘国有林场
159. 江永县高泽源国有林场
160. 蓝山县南岭国有林场
161. 蓝山县荆竹国有林场
162. 蓝山县浆洞国有林场
163. 新田县肥源国有林场
164. 双牌县打鼓坪国有林场
165. 双牌县阳明山国有林场
166. 双牌县五星岭国有林场
167. 祁阳县挂榜山国有林场
168. 江华瑶族自治县江华国有林业采育场
169. 江永县廻峰林场
170. 江永县黑山林场
171. 祁阳县大江林场
172. 新田县大湾林场
173. 古丈县高望界国有林场
174. 永顺县杉木河国有林场
175. 龙山县曾家界国有林场
176. 泸溪县军亭界国有林场
177. 凤凰县南华山国有林场
178. 浏阳市浏阳湖国有林场
179. 长沙县大山冲国有林场
180. 炎陵县大垸林场
181. 衡南县岐山林场
182. 资阳区刘家湖国有林场
183. 桃源县联合国有林场
184. 洪江市八面山国有林场
185. 绥宁县武阳国有林场
186. 双牌县泷泊国有林场

广东省（共188个）

1. 广东省西江林业局
2. 广东省乳阳林业局
3. 广东省乐昌林场
4. 广东省连山林场

5. 广东省东江林场
6. 广东省九连山林场
7. 广东省天井山林场
8. 广东省樟木头林场
9. 广东省龙眼洞林场
10. 广东省沙头角林场
11. 广州市梳脑林场
12. 广州市增城林场
13. 广州市大岭山林场
14. 广州市流溪河林场
15. 广州市花都区梯面林场
16. 广州市白云区帽峰山林场
17. 广州市花都区九湾潭林场
18. 广州市增城市兰溪林场
19. 广州市增城市大封门林场
20. 广州市增城市太寺坑林场
21. 广州市增城市金坑林场
22. 深圳市罗田林场
23. 珠海市斗门区竹银林场
24. 珠海市斗门区黄杨山林场
25. 汕头市南澳黄花山林场
26. 佛山市云勇林场
27. 佛山市大南山林场
28. 佛山市吉岭林场
29. 韶关市韶关林场
30. 韶关市曲江林场
31. 韶关市河口林场
32. 韶关市仁化林场
33. 韶关市华溪林场
34. 韶关市九曲水林场
35. 韶关市刘张家山林场
36. 韶关市铁龙林场
37. 新丰县雪山林场
38. 新丰县亚婆髻林场
39. 新丰县司茅坪林场
40. 新丰县芹菜塘林场
41. 新丰县岳城林场
42. 始兴县隘子林场
43. 始兴县澄江林场
44. 始兴县花山林场
45. 始兴县马市林场
46. 韶关市浈江区花坪林场
47. 翁源县老隆山林场
48. 乐昌市龙山林场
49. 南雄市泷头林场
50. 仁化县长坑林场
51. 仁化县霞山林场
52. 河源市牛岭水林场
53. 河源市黎明林场
54. 河源市坪山林场
55. 河源市红星林场
56. 河源市桂山林场
57. 河源市下石林场
58. 紫金县黄沙林场
59. 紫金县东风林场
60. 龙川县鹤鲞林场
61. 东源县新丰江林场
62. 连平县青年林场
63. 梅州市水口林场
64. 梅州市洲瑞林场
65. 梅州市大埔林场
66. 梅州市七鲞径林场
67. 梅州市梅南林场
68. 兴宁市石壁林场
69. 兴宁市铁山林场
70. 梅州市长潭库区林场
71. 蕉岭县皇佑笔林场
72. 五华县鸿图嶂林场

73. 大埔县丰溪林场
74. 丰顺县潘田农林场
75. 丰顺县桐子洋林场
76. 平远县黄花坡果林场
77. 平远县楼前农林场
78. 平远县黄田林果场
79. 惠州市九龙峰林场
80. 惠州市白芒林场
81. 惠州市象头山林场
82. 惠州市汤泉林场
83. 惠州市鸡笼山林长
84. 惠州市水东陂林场
85. 惠州市梁化林场
86. 惠州市罗浮山林场
87. 惠州市油田林场
88. 惠东县寨场山林场
89. 惠州市惠城区墩子林场
90. 博罗县梅花林场
91. 龙门县蓝田林场
92. 惠州市惠城区惠州林场
93. 龙门县青年林场
94. 龙门县经济林场
95. 汕尾市黄羌林场
96. 汕尾市吉溪林场
97. 汕尾市红岭林场
98. 汕尾市东海岸林场
99. 汕尾市罗经嶂林场
100. 汕尾市湖东林场
101. 东莞市国营大岭山林场
102. 东莞市国营大屏嶂林场
103. 东莞市国营清溪林场
104. 中山市林场
105. 江门市国营河排林场
106. 江门市国营古兜山林场
107. 江门市国营西坑林场
108. 江门市国营大沙林场
109. 江门市国营古斗林场
110. 江门市国营四堡林场
111. 江门市国营狮山林场
112. 台山市国营大隆洞林场
113. 台山市国营甫草林场
114. 开平市国营镇海林场
115. 开平市国营东山林场
116. 阳江市阳江林场
117. 阳江市花滩林场
118. 阳春市冠溪林场
119. 阳东林场
120. 湛江市东海林场
121. 湛江市吴川林场
122. 湛江市防护林场
123. 吴川市浅水林场
124. 遂溪县樟树林场
125. 茂名市八一林场
126. 茂名市厚元林场
127. 茂名市大雾岭林场
128. 茂名市东镇林场
129. 茂名市新田林场
130. 茂名市荷塘林场
131. 茂名市文楼林场
132. 茂名市播扬林场
133. 茂名市平定林场
134. 茂名市丽岗林场
135. 茂名市电白林场
136. 茂名市河尾山林场
137. 化州市大番坡林场
138. 化州市六王林场
139. 肇庆市大南山林场
140. 肇庆市大水口林场

141. 肇庆市清桂林场
142. 肇庆市葵洞林场
143. 肇庆市北岭山林场
144. 肇庆市大坑山林场
145. 肇庆市新岗林场
146. 高要市大陇林场
147. 广宁县深坑林场
148. 德庆县三叉顶林场
149. 封开县七星林场
150. 封开县黄岗林场
151. 封开县白沙林场
152. 怀集县金鸡林场
153. 怀集县石川坑林场
154. 怀集县多罗山茶场
155. 怀集县车头林场
156. 清远市涡水林场
157. 清远市小龙林场
158. 清远市龙坪林场
159. 清远市杨梅林场
160. 清远市英德林场
161. 清远市长江坝林场
162. 清远市金鸡林场
163. 清远市铁溪林场
164. 清远市羊角山林场
165. 清远市银盏林场
166. 清远市笔架山林场
167. 清远市天堂山林场
168. 阳山县黄岔林场
169. 阳山县称架林场
170. 连南县大龙山林场
171. 连州市田心林场
172. 潮州市韩江林场
173. 潮安县万峰林场
174. 饶平县新安林场
175. 潮州市红山林场
176. 揭阳市后溪林场
177. 揭阳市青坑林场
178. 揭阳市大北山林场
179. 揭西县河輋林场
180. 揭西县油桐林场
181. 揭西县揭东林场
182. 云浮市国营大云雾林场
183. 云浮市国营龙涌林场
184. 云浮市国营飞马林场
185. 云浮市国营同乐林场
186. 云浮市国营水台林场
187. 新兴县国营岩头林场
188. 郁南县国营建城果木场

广西自治区（共151个）

1. 广西国营高峰林场
2. 广西国营七坡林场
3. 南宁良凤江国家森林公园
4. 广西国营东门林场
5. 广西国营派阳山林场
6. 广西国营钦廉林场
7. 广西国营博白林场
8. 广西国营六万林场
9. 广西国营维都林场
10. 广西国营黄冕林场
11. 广西国营三门江林场
12. 广西国营雅长林场
13. 广西国营大桂山林场
14. 广西国营沙塘林场
15. 南宁市国营丁当林场
16. 邕宁县国营南州林场

17. 武鸣县国营朝燕林场
18. 隆安县国营礼智林场
19. 横县国营镇龙林场
20. 横县国营石塘林场
21. 横县国营南山林场
22. 宾阳县国营黎塘林场
23. 上林县国营龙山林场
24. 马山县国营永州林场
25. 柳州市国营苗圃林场
26. 柳江县国营三伯岭林场
27. 柳江县国营龙汉岭林场
28. 柳江县国营鹿岭林场
29. 柳江县国营冲马岭林场
30. 柳城县国营凉水山林场
31. 鹿寨县国营鹿寨林场
32. 融安县国营西山林场
33. 三江县国营牛浪坡林场
34. 融水县国营贝江河林场
35. 融水县国营思英林场
36. 融水县国营泗涧山林场
37. 融水县国营九万山林场
38. 桂林市国营龙泉林场
39. 全州县国营咸水林场
40. 兴安县国营摩天岭林场
41. 永福县国营坪岭林场
42. 灌阳县国营都庞岭林场
43. 龙胜县国营里骆林场
44. 资源县国营越城岭林场
45. 平乐县国营广运林场
46. 荔浦县国营荔浦林场
47. 恭城县国营马林源林场
48. 兴安县国营江头林场
49. 阳朔县国营大源林场
50. 临桂县国营鸡笼山林场
51. 临桂县国营凤凰林场
52. 苍梧县国营天洪岭林场
53. 苍梧县国营白南林场
54. 岑溪市国营七坪林场
55. 岑溪市国营油茶林场
56. 岑溪市国营紫胶林场
57. 藤县国营共青林场
58. 藤县国营小娘山林场
59. 蒙山县国营白竹林场
60. 北海市国营防护林场
61. 北海市铁山港区国营营盘林场
62. 合浦县国营山口林场
63. 合浦县国营公馆林场
64. 上思县国营平广林场
65. 上思县国营红旗林场
66. 北海市防城区国营华石林场
67. 崇左市国营凤凰山林场
68. 扶绥县国营光西林场
69. 崇左市江州区国营群力林场
70. 崇左市江州区国营那达林场
71. 大新县国营上湖林场
72. 大新县国营小明山林场
73. 天等县国营枧木林场
74. 龙州县国营枧木林场
75. 宁明县国营百合林场
76. 合山市国营柳花岭林场
77. 象州县国营茶花山林场
78. 象州县国营笔架山林场
79. 象州县国营中虎岭林场
80. 武宣县国营六峰山林场
81. 来宾市兴宾区国营铁帽山林场
82. 来宾市兴宾区国营青峰林场
83. 来宾市兴宾区国营老虎弄林场
84. 金秀县国营金秀林场

85. 金秀县国营老山林场
86. 忻城县国营欧洞林场
87. 忻城县国营桃源林场
88. 贺州市国营姑婆山林场
89. 贺州市八步区国营黄洞林场
90. 昭平县国营大脑山林场
91. 昭平县国营富罗林场
92. 钟山县国营花山林场
93. 富川县国营天堂岭林场
94. 钦州市国营三十六曲林场
95. 灵山县国营平山林场
96. 浦北县国营六万山林场
97. 玉林市国营大容山林场
98. 兴业县国营龙潭林场
99. 玉林市福绵区国营大义林场
100. 北流市国营大双林场
101. 北流市石镬肚林场
102. 容县国营高山林场
103. 容县国营浪水林场
104. 容县国营天堂山林场
105. 陆川县国营陆川林场
106. 博白县国营城东林场
107. 贵港市国营平天山林场
108. 贵港市国营覃塘林场
109. 桂平市国营金田林场
110. 平南县国营大五顶林场
111. 贵港市港南区国营亚计山林场
112. 贵港市覃塘区国营凤凰林场
113. 河池市国营三匹虎林场
114. 河池市金城江区国营大山塘林场
115. 宜州市国营庆远林场
116. 宜州市国营流河林场
117. 罗城县国营青明山林场
118. 环江县国营华山林场
119. 南丹县国营山口林场
120. 天峨县国营林朵林场
121. 东兰县国营绿兰林场
122. 东兰县国营东风林场
123. 巴马县国营定马林场
124. 巴马县国营民安林场
125. 凤山县国营凤旁林场
126. 凤山县国营坡桃林场
127. 都安县国营板岭林场
128. 大化县国营都阳林场
129. 百色市国营老山林场
130. 百色市国营百林林场
131. 田阳县国营三雷林场
132. 田阳县国营右江林场
133. 田阳县国营那么林场
134. 田东县国营祥周林场
135. 田东县国营思林林场
136. 田东县国营百笔林场
137. 田东县国营紫胶林场
138. 平果县国营海明林场
139. 平果县国营太平林场
140. 平果县国营瀫江林场
141. 德保县国营红坭坡林场
142. 德保县国营黄连山林场
143. 靖西县国营五岭林场
144. 那坡县国营那马林场
145. 凌云县国营伶站林场
146. 乐业县国营同乐林场
147. 田林县国营乐里林场
148. 隆林县国营金钟山林场
149. 西林县国营八达林场
150. 西林县国营古障林场
151. 西林县国营那佐林场

海南省（共33个）

1. 尖峰岭林业局
2. 霸王岭林业局
3. 吊罗山林业局
4. 黎母山林业公司
5. 岛东林场
6. 澄迈林场
7. 儋州林场
8. 六连林场
9. 金鸡岭林场
10. 枫木林场
11. 岛西林场
12. 昌化林场
13. 通什林场
14. 佛罗林场
15. 新海林场
16. 枫木鹿场
17. 南高岭林场
18. 隆广林场
19. 卡法岭林场
20. 猕猴岭林场
21. 白马岭林场
22. 毛瑞林场
23. 保梅林场
24. 邦溪林场
25. 黄竹岭林场
26. 雨水岭林场
27. 红岛林场
28. 白花岭林场
29. 鹿母湾林场
30. 雅星林场
31. 上甬林场
32. 松涛林场
33. 抱龙林场

重庆市（共73个）

1. 长寿区国有林场
2. 南川区金佛山林场
3. 南川区林木良种场
4. 南川区国有乐村林场
5. 永川区国有林场
6. 奉节县林场
7. 奉节县三峡林场
8. 万州区铁锋山林场
9. 万州区分水林场
10. 万州区龙驹林场
11. 万州区新田林场
12. 巫山县梨子坪林场
13. 巫山县五里坡林场
14. 巫山县飞播管理林场
15. 五隆县仙女山林场
16. 五隆县白马山林场
17. 石柱县国有林场
18. 忠县石子林场
19. 忠县天池国有林场
20. 云阳县四十八槽林场
21. 云阳县江南林场
22. 云阳县长江林场
23. 巴南区南泉林场
24. 巴南区桥口坝林场
25. 巴南区东泉林场
26. 巴南区接龙林场
27. 江北区铁山坪林场
28. 涪陵区大木林场

29. 涪陵区永胜林场
30. 荣昌县岚峰林场
31. 大足县西山林场
32. 铜梁县双碾林场
33. 丰都县三抚林场
34. 丰都县七跃山林场
35. 丰都县双兴林场
36. 丰都县世坪林场
37. 璧山县东风林场
38. 渝北区玉峰山林场
39. 渝北区华蓥山林场
40. 渝北区统景林场
41. 大渡口区林场
42. 沙坪坝区歌乐山林场
43. 垫江县明月山林场
44. 垫江县宝鼎林场
45. 酉阳县青华林场
46. 酉阳县伏龙山林场
47. 万盛区林场
48. 巫溪县红池坝林场
49. 巫溪县白果林场
50. 巫溪县官山林场
51. 巫溪县猫儿背林场
52. 綦江县北部林场
53. 綦江县南部林场
54. 江津区云雾坪林场
55. 江津区四面山森管局
56. 江津区大圆洞林场
57. 九龙坡区林场
58. 城口县前河林场
59. 城口县仁河林场
60. 秀山县轿子顶林场
61. 黔江区国有林场
62. 彭水县茂云山林场
63. 南岸区国营防护林场
64. 南岸区国营长生林场
65. 梁平县竹海林场
66. 梁平县林场
67. 开县国有岩水林场
68. 开县国有毛垭林场
69. 开县国有马云林场
70. 北碚区嘉华林场
71. 北碚区观音峡林场
72. 北碚区茅庵林场
73. 合川区华蓥山林场

四川省（共178个）

1. 崇州市综合林场
2. 大邑县国营林场
3. 都江堰市国营林场
4. 彭州市国营林场
5. 邛崃市国营林场
6. 国有荥县林场
7. 国有富顺林场
8. 攀枝花市国营林场总场
9. 米易县飞播管理总站
10. 米易县宁华经营所
11. 米易县丙谷经营所
12. 米易县云盘山林场
13. 泸州市大安林场
14. 泸州市荞田林场
15. 泸州市半边山林场
16. 古蔺县飞播站
17. 古蔺县笋子山林场
18. 古蔺县林场

19. 国营泸县林场
20. 泸州市福宝林场
21. 泸州市榕山林场
22. 绵阳市绵竹林场
23. 绵阳市什邡林场
24. 绵阳市观雾山林场
25. 北川羌族自治县林场
26. 平武龙门山林场
27. 梓潼县国营林场
28. 广元市三溪口森林经营所
29. 广元市剑门关林场
30. 广元市天池林场
31. 广元市市中区国有林管理所
32. 广元市市中区飞播站
33. 旺苍县森林经营所
34. 旺苍县国营森场
35. 广元市曾家森林经营所
36. 广元市天台林场
37. 安岳县国有林场
38. 资中县国营林场
39. 威远县国营林场
40. 隆昌县森领经营所
41. 乐山市沙湾区林场
42. 乐山市金口河区林场
43. 峨眉山市林场
44. 乐山市大旗山林场
45. 沐川县森林经营所
46. 乐山市峨边沙坪森林经营所
47. 乐山市平兴林场
48. 仁寿县汪洋林场
49. 洪雅林场
50. 丹棱县国有林场
51. 南充市白云寨林场
52. 仪陇县国有林场
53. 南充市金城山林场
54. 宜宾市翠屏区国有林场
55. 宜宾县横江森林经营所
56. 宜宾县隆兴森林经营所
57. 南溪森林经营所
58. 江安县森林经营所
59. 长宁县楠竹森林经营所
60. 高县月江森林经营所
61. 高县来复森林经营所
62. 筠连县国有林场
63. 珙县国营林场
64. 宜宾市兴文林场
65. 四川省国有屏山县新市国有林场
66. 屏山县国有林场
67. 广安市广安区森林经营所
68. 华蓥市东方红林场
69. 华蓥市天池林场
70. 邻水县丰隆铺林场
71. 邻水县黄草坪林场
72. 邻水县四海山林场
73. 邻水县罗过铺林场
74. 邻水县万峰山林场
75. 邻水县梁板林场
76. 邻水县竹林经营所
77. 达州市黑宝山林场
78. 达州市东林山林场
79. 达州市万宝山林场
80. 达州市尖峰山林场
81. 达州市花萼山林场
82. 开江县飞播站
83. 达县铁山林场
84. 达县飞播站
85. 达州市西山林场
86. 达州市油茶场

87. 达州市卷硐林场
88. 达州市龙潭林场
89. 达州市农乐林场
90. 达州市东山森林经营所
91. 达州市四方山林场
92. 达州市竹林经营所
93. 达州市红旗林场
94. 宣汉县五马林场
95. 宣汉县楠竹场
96. 宣汉县飞播管理站
97. 宣汉县观山坪经营所
98. 南江大坝林场
99. 南江大江口林场
100. 南江沙坝林场
101. 南江魏家坝林场
102. 南江玉泉林场
103. 巴中市巴州区南阳林场
104. 平昌县五峰林场
105. 同江空山综合林场
106. 通江南教城林场
107. 通江铁厂河林场
108. 通江陈河经营所
109. 通江海鹰寺林场
110. 通江黄柏厂林场
111. 通江五台山林场
112. 通江空山坝林场
113. 雅安市荥经国有林经营所
114. 雅安市荥经国营林场
115. 芦山县国营口林场
116. 雅安市宝兴经营所
117. 雅安市雨城区国有林场
118. 石棉县王岗坪森林经营所
119. 天全县二郎山森林经营管理所
120. 天全县国营落汉山林场
121. 汉源县皇木林场
122. 汉源县飞播林场
123. 汶川县威州林场
124. 理县薛城林场
125. 茂县凤仪林场
126. 红原县城关防护林场
127. 甘孜州康定林场
128. 泸定二郎山林场
129. 凉山州巴汝森经营所
130. 凉山州飞机造林管理站
131. 凉山州四合林场
132. 凉山州泸山森经所
133. 凉山州大箐林场
134. 凉山州盐中森经所
135. 凉山州石嘉森经所
136. 凉山州益门森经所
137. 凉山州盐源县飞播站
138. 凉山州太平森经所
139. 凉山州鹿厂林场
140. 凉山州通安林场
141. 凉山州黎溪森经所
142. 凉山州泸沽林场
143. 凉山州泸宁森经所
144. 凉山州河东森经所
145. 凉山州拖乌森经所
146. 凉山州里庄森经所
147. 凉山州后山林场
148. 凉山州松新经营所
149. 凉山州竹寿经营所
150. 凉山州西洛林场
151. 凉山州螺髻山经营所
152. 凉山州甘洛县林场
153. 凉山州越西县林场
154. 凉山州越西县经营所

155. 凉山州南坪林场
156. 凉山州红星林场
157. 凉山州四开林场
158. 凉山州凉山州油橄榄林场
159. 凉山州布拖林场
160. 凉山州宽裕森林经营所
161. 凉山州新民森林经营所
162. 凉山州乐跃森林经营所
163. 凉山州龙窝森林经营所
164. 凉山州牛牛坝林场
165. 凉山州洪溪森林经营所
166. 凉山州西宁经营所
167. 凉山州谷堆经营所
168. 凉山州马湖营林段
169. 凉山州天地坝林场
170. 凉山州波洛森经所
171. 凉山州巴普林场
172. 凉山州东西河林场
173. 凉山州喜德县林场
174. 凉山州树河森经所
175. 凉山州棉椏林场
176. 凉山州第一林场
177. 凉山州桃博林场
178. 凉山州茶布朗林场

贵州省（共92个）

1. 贵州省龙里林场
2. 贵州省扎佐林场
3. 贵州省林业科学研究院图云关试验林场
4. 贵阳市长坡岭林场
5. 贵阳市顺海林场
6. 开阳县国营双永林场
7. 开阳县杠寨林场
8. 清镇市林场
9. 贵阳市花溪区孟关林场
10. 贵阳市白云区都溪林场
11. 息烽县南山林场
12. 遵义市杜仲林场
13. 遵义市娄山关林场
14. 遵义县乌江林场
15. 桐梓县国有林场
16. 习水县土河林场
17. 凤冈县国有东方红林场
18. 正安县桴焉林业管理站
19. 湄潭县国营湄江林场
20. 仁怀市国营奶子山林场
21. 遵义市红花冈区金鼎山国有林场
22. 镇宁布依族自治县国营白马林场
23. 安顺市西秀区国营甘堡林场
24. 安顺市西秀区国营老落坡林场
25. 关岭布依族自治县国营冒寨林场
26. 紫云布依族自治县浪风关林场
27. 平坝县大坡林场
28. 平塘县国有林场
29. 惠水县国营烂坝林场
30. 长顺县国营林场
31. 罗甸县国营林场
32. 独山县林场
33. 三都水族自治县国有拉揽林场
34. 瓮安县国有林场
35. 都匀市马鞍山林场
36. 都匀市平浪林场
37. 贵定县国营甘溪林场
38. 贵州雷公山国家级自然保护区实验经营场

39. 榕江县国营林场
40. 黄平县国有林场
41. 丹寨县国营林场
42. 台江县国营林场
43. 贵州省黎平县东风国营林场
44. 黎平县花坡林场
45. 三穗县国营林业总场
46. 从江县国有林场
47. 锦屏县国有林场
48. 天柱县国有林场
49. 岑巩县国营林场
50. 贵州省凯里市国营林场
51. 黔东南苗族侗族自治州国营林场
52. 剑河县国营林场
53. 镇远县国有林场
54. 麻江县国有林场
55. 施秉县国营林场
56. 贵州省铜仁市国营开天林场
57. 德江县林业局煎茶国营林场
58. 德江县林业局国营长丰林场
59. 德江县林业局沙溪国有林场
60. 江口县凯马林场
61. 松桃苗族自治县国营永红林场
62. 沿河县谯家林场
63. 沿河县锯齿山林场
64. 玉屏茅坡油茶试验林场
65. 毕节市白马山林场
66. 毕节市拱拢坪林场
67. 金沙县国营石仓林场
68. 织金县桂花林场
69. 赫章县平山林场
70. 赫章县水塘林场
71. 大方县大海坝林场
72. 贵州省纳雍县化作林场
73. 纳雍县国有林场
74. 威宁县新华林场
75. 黔西县国有林场
76. 水城县杨梅林场
77. 水城县玉舍林场
78. 六盘水市六枝特区花德河林场
79. 盘县老厂国营林场
80. 黔西南布依族自治州普晴林场
81. 兴义市国营林场
82. 贵州省兴仁县梨树坪国有林场
83. 普安县国有普白林场
84. 册亨县国营秧坝林场
85. 望谟县林业局三场一站
86. 黔西南州板坝紫胶场
87. 乌当区凤凰山林场
88. 习水龙箐森林管理所
89. 罗甸县羊里林场
90. 榕江县万亩林场
91. 百里杜鹃九龙山林场
92. 安龙县戛挪林场

云南省（共135个）

1. 云南森林自然中心
2. 昆明市西山林场
3. 昆明市海口林场
4. 昆明市官渡区方旺林场
5. 昆明市东川区新村林场
6. 昆明市东川区法者林场
7. 昆明市东川区二二二林场
8. 晋宁县林业局麻大山国营林场
9. 呈贡县国有新城林场
10. 昆明市嵩明县长松园林场

11. 禄劝彝族苗族自治县漩涡塘林场
12. 宜良县国有花园林场
13. 宜良县国有禄丰村林场
14. 宜良县国有阳宗海林场
15. 石林彝族自治县国营林场
16. 昭通市国有小草坝林场
17. 昭通市三江口国营林场
18. 永善县国营莲峰林场
19. 巧家县国营跃进林场
20. 大关县国营林场
21. 昭通市昭阳区大龙洞国营林场
22. 水富县国营林场
23. 彝良县国营林场
24. 镇雄县国有林场
25. 威信县国营林场
26. 鲁甸县国营林场
27. 绥江县国营林场
28. 富源县国有十八连山林场
29. 富源县三道箐林场
30. 马龙国营林场
31. 罗平县水沟林场
32. 会泽县野马林场
33. 会泽县国营者海林场
34. 师宗县国营五洛河林场
35. 曲靖市国营海寨林场
36. 楚雄市紫金山林场
37. 禄丰县一平浪林场
38. 禄丰县五台山林场
39. 南华县林业局大中山国有林场
40. 南华县林业局天子庙坡国有林场
41. 武定县万松山林场
42. 元谋县大哨林场
43. 元谋县林业局鸡冠山林场
44. 元谋县丙令林场
45. 永仁县林业局森林经营所
46. 永仁县林业局白马河林场
47. 永仁县永定林场
48. 大姚县转湾河林场
49. 大姚县三岔河林场
50. 新平彝族傣族自治县曼丫采育林场
51. 易门县龙泉森林经营所
52. 华宁东山林场
53. 澄江梁王山林场
54. 澄江县国有抚仙湖林场
55. 玉溪市北山林场
56. 玉溪市国营玉白顶林场
57. 红河州芷村林场
58. 红河州国营石岩寨林场
59. 石屏县龙朋林场
60. 云南省石屏县牛达林场
61. 个旧市白云山林场
62. 屏边县商品林总场
63. 元阳国营新街林场
64. 红河县天生桥国营林场
65. 弥勒县竹元林场
66. 建水县利民林场
67. 开远林业局白土墙林场
68. 泸西县大中寨林场
69. 文山县国有红旗林场
70. 文山县国有老君山林场
71. 西畴县国有香坪山林场
72. 西畴县国有坪寨林场
73. 麻栗坡县国有老君山林场
74. 马关县国有古林箐林场
75. 马关县国有金城林场
76. 丘北县国有洗马塘林场
77. 广南县国有十里桥林场

78. 富宁县国有金坝林场
79. 富宁县国有花果山林场
80. 孟连县林业局果木林场
81. 西孟佤族自治县林场
82. 祥云县清华洞林场
83. 鹤庆县国有林管理所
84. 洱源县平头山草涧山林管所
85. 洱源县赶羊涧林管所
86. 洱源县罗坪山国营林场
87. 弥渡县东山国营林场
88. 南涧县漫害山国有林管理所
89. 大理市余金庵林管所
90. 宾川县国营林场
91. 云龙县林业局五宝山林场
92. 云龙县林业局漕涧林场
93. 永平县林业局博南山国营林场
94. 巍山县林业局瓦房哨林场
95. 巍山县林业局五里坡林场
96. 昌宁县鸡飞国营林场
97. 昌宁县江边国营林场
98. 昌宁县天堂国有林场
99. 龙陵县三江口国有林场
100. 龙陵县亮山国有林场
101. 腾冲县林业局苏江林场
102. 腾冲县林业局大河林场
103. 腾冲县林业局沙坝林场
104. 腾冲县林业局胆扎林场
105. 腾冲县林业局古永林场
106. 腾冲县林业局明光林场
107. 腾冲县林业局瑞滇林场
108. 保山市隆阳区国营林场
109. 施甸县摩仓国营林场
110. 德宏州林业局试验林场
111. 云南省国有陇川林场
112. 瑞丽市国营勐秀林场
113. 畹町市国营林场
114. 玉龙县林业局鸣音林场
115. 玉龙县林业局河源林场
116. 玉龙县林业局建新林场
117. 永胜县林业局茅坪热作试验示范林场
118. 兰坪县新生桥国有林场
119. 双江自治县国有坝糯林场
120. 双江自治县国有勐峨林场
121. 双江自治县国有东来林场
122. 双江自治县国有大浪坝林场
123. 云县国有大亮山生态林场
124. 云县哨亍风水丫口生态林场
125. 云县班洪回蚌山林场
126. 永德县亚练户妈林场
127. 永德县永康林场
128. 永德县乌木龙金厂坝林场
129. 镇康澡塘坝林场
130. 临沧市临翔区小道河林场
131. 临沧市临翔区五老山林场
132. 临沧市临翔区南防林场
133. 凤庆桂花树林场
134. 沧源南撒林场
135. 金殿林场

西藏自治区（共7个）

1. 林芝县林工商总公司
2. 林芝县扎木林厂

3. 林芝县雪巴林场
4. 林芝县东久林场
5. 林芝县更岗总厂
6. 亚东县亚东林场
7. 昌都县昌都林场

陕西省（共234个）

1. 西安市长安区大峪林场
2. 蓝田县国营王顺山风景林场
3. 蓝田县终南林场
4. 蓝田县清峪林场
5. 西安市临潼区骊山风景林场
6. 西安市周至国营小王涧林场
7. 户县涝峪林场
8. 户县太平林场
9. 周至县厚畛子林场
10. 周至县国营永红林场
11. 周至县国营渭河试验林场
12. 西安市长安区南五台风景林场
13. 西安市长安区沣峪林场
14. 宝鸡市渭滨区国有观音山林场
15. 宝鸡市陈仓区国有潘家湾林场
16. 宝鸡市陈仓区国有冯家河林场
17. 宝鸡市陈仓区国有坪头林场
18. 宝鸡市陈仓区国有凤阁岭林场
19. 宝鸡市陈仓区国有八里庄林场
20. 陇县国有八渡林场
21. 陇县国有关山林场
22. 陇县国有咸宜关林场
23. 陇县国有固关林场
24. 陇县国有龙门洞林场
25. 陇县国有千山林场
26. 千阳县国有唐家山林场
27. 千阳县国有高崖林场
28. 岐山县国有崛山林场
29. 岐山县国有五丈原林场
30. 凤翔县国有涧渠林场
31. 凤翔县国有汤房庙林场
32. 太白县国有靖口林场
33. 眉县国有营头林场
34. 眉县国有太白风景林场
35. 凤县国有黄牛铺林场
36. 凤县国有河口林场
37. 凤县国有凤州林场
38. 凤县国有留凤关林场
39. 扶风县国有野河林场
40. 麟游县国有安舒庄林场
41. 麟游县国有长益庙林场
42. 宝鸡市马头滩林业局
43. 宝鸡市辛家山林业局
44. 三原县嵯峨山林场
45. 泾阳县北仲山林场
46. 乾县五峰山国有林场
47. 乾县乾陵风景国有林场
48. 礼泉县柏峰林场
49. 永寿县槐平林场
50. 彬县西庙头林场
51. 长武县红星林场
52. 旬邑县马栏林场
53. 旬邑县石门林场
54. 淳化县英烈林场
55. 宜君县国有太安林场
56. 宜君县国有哭泉林场
57. 宜君县国营棋盘林场
58. 宜君县国有阳湾林场

59. 铜川市印台区国有焦坪林场
60. 铜川市耀州区国有柳林林场
61. 铜川市耀州区国有高尔塬林场
62. 渭南市临渭区花园林场
63. 华县国营金堆林场
64. 华阴市国有华阳川林场
65. 华阴市国有华山林场
66. 国有富平县金栗山林场
67. 蒲城县尧山林场
68. 白水县新卓林场
69. 国营大荔县沙苑林场
70. 澄城县壶梯山林场
71. 韩城市雷寺庄林场
72. 韩城市芝源林场
73. 韩城市薛峰林场
74. 合阳县国营皇甫庄林场
75. 合阳县国营黄河林场
76. 黄龙山林业局官庄林场
77. 黄龙山林业局瓦子街林场
78. 黄龙山林业局小寺庄林场
79. 黄龙山林业局蔡家川林场
80. 黄龙山林业局圪台林场
81. 黄龙山林业局大岭林场
82. 黄龙山林业局虎沟门林场
83. 黄龙山林业局石堡林场
84. 黄龙山林业局三岔林场
85. 黄龙山林业局界头庙林场
86. 劳山林业局桥镇林场
87. 劳山林业局下寺湾林场
88. 劳山林业局高哨林场
89. 劳山林业局劳山林场
90. 劳山林业局清泉林场
91. 劳山林业局府村林场
92. 桥北林业局和尚塬林场
93. 桥北林业局张家湾林场
94. 桥北林业局直罗林场
95. 桥北林业局药埠头林场
96. 桥北林业局槐树庄林场
97. 桥北林业局张村驿林场
98. 桥北林业局任家台林场
99. 桥北林业局岔口林场
100. 桥山林业局大岔林场
101. 桥山林业局上畛子林场
102. 桥山林业局柳芽林场
103. 桥山林业局双龙林场
104. 桥山林业局店头林场
105. 桥山林业局腰坪林场
106. 桥山林业局建庄林场
107. 吴旗县铁边城林场
108. 吴旗县周湾林场
109. 志丹县安条林场
110. 志丹县白沙川林场
111. 志丹县新庄林场
112. 志丹县麻台林场
113. 志丹县西阳湾林场
114. 志丹县高家湾林场
115. 富县西渠林场
116. 富县牛武林场
117. 宜川县英旺林场
118. 宜川县交里林场
119. 宜川县铁龙湾林场
120. 宜川县甘草林场
121. 宜川县薛家坪林场
122. 宜川县石台寺林场
123. 子长县中山川林场
124. 延安市宝塔区南郊林场
125. 延安市宝塔区马四川林场
126. 延安市宝塔区南泥湾林场

127. 延安市宝塔区麻洞川林场
128. 延安市宝塔区姚家坡林场
129. 洛川县厢寺川林场
130. 洛川县黄连河林场
131. 延长县关子口林场
132. 延长县柏树岭林场
133. 安塞县砖窑湾林场
134. 安塞县石峡林场
135. 黄龙县白马滩林场
136. 黄龙县柏峪林场
137. 黄陵县河寨林场
138. 延安国家森林公园风景林场
139. 榆林市榆阳区牛家梁林场
140. 榆林市榆阳区巴拉素林场
141. 榆林市榆阳区小纪汗林场
142. 榆林市榆阳区城郊林场
143. 榆林市榆阳区鱼河林场
144. 定边县长城林场
145. 定边县长茂滩林场
146. 定边县乱井子机械林场
147. 定边县郝滩林场
148. 定边县大河畔林场
149. 靖边县国营沙石峁林场
150. 靖边县国营冯家峁林场
151. 靖边县国营柳树湾林场
152. 靖边县国营柳桂湾林场
153. 靖边县国营白玉山林场
154. 靖边县国营万家畔林场
155. 靖边县国营红墩界林场
156. 陕西省府谷县松宏湾林场
157. 神木县大柳塔国营林场
158. 神木县水磨河国营林场
159. 神木县尔林兔国营林场
160. 神木县公草湾国营林场
161. 神木县新民国营林场
162. 横山县雷龙湾林场
163. 横山县赵石畔林场
164. 横山县白界林场
165. 横山县二石磕林场
166. 佳县打火店林场
167. 子洲县北方塬林场
168. 汉中市国有黎坪实验林场
169. 汉中市汉台区国有武乡林场
170. 汉中市汉台区国有褒河林场
171. 南郑县国有黎坪林场
172. 南郑县国有碑坝林场
173. 城固县国有小河林场
174. 城固县国有大盘林场
175. 城固县国有青龙寺林场
176. 城固县国有中坪林场
177. 洋县国有汉王山林场
178. 洋县国有坪堵林场
179. 勉县国有黑潭子林场
180. 勉县国有张家河林场
181. 略阳县国有铁厂坝林场
182. 略阳县国有金池院林场
183. 略阳县国有三岔林林场
184. 略阳县国有西淮坝林场
185. 略阳县国有观音寺林场
186. 略阳县国有塔坡寺林场
187. 宁强县国有红石梁林场
188. 留坝县国有桑园林场
189. 留坝县国有马道林场
190. 留坝县国有火烧店林场
191. 留坝县国有闸口石林场
192. 留坝县国有庙台子林场
193. 西乡县国有龙池林场
194. 镇巴县国有巴山林场

195. 镇巴县国有后坪林场
196. 镇巴县国有星子山林场
197. 佛坪县国有林场
198. 岚皋县国有林业总场
199. 镇平县国有林业总场
200. 旬阳县国有林业总场
201. 岚皋县中梁子国有林场
202. 平利县千家坪国有林场
203. 平利县蜡烛山国有林场
204. 平利县药妇山国有林场
205. 白河县国有林场
206. 宁陕县上坝河国有林场
207. 安康市汉滨区国有林场
208. 安康市汉滨区平头山国有林场
209. 石泉县凤凰山国有林场
210. 汉阴县凤凰山国有林场
211. 石泉县云雾山国有林场
212. 紫阳县大楠河国有林场
213. 紫阳县八庙国有林场
214. 商洛市商州区二龙山林场
215. 洛南县古城林场
216. 洛南县石坡林场
217. 洛南县书堂山林场
218. 洛南县保安林场
219. 丹凤县商山林场
220. 丹凤县流岭林场
221. 商南县三角池林场
222. 商南县双山林场
223. 山阳县红旗林场
224. 山阳县天竺山林场
225. 镇安县木王林场
226. 镇安县黑窑沟林场
227. 镇安县铁厂林场
228. 柞水县石镇林场
229. 柞水县营盘林场
230. 柞水县凤镇林场
231. 柞水县九间房林场
232. 陕西省楼观台实验林场
233. 陕西省治沙研究所红石峡沙地实验林场
234. 西北农林科技大学教学试验林场

甘肃省（共227个）

1. 石门实验示范林场
2. 庆阳市合水林业总场拓儿塬林场
3. 庆阳市合水林业总场大山门林场
4. 庆阳市合水林业总场北川林场
5. 庆阳市合水林业总场蒿咀铺林场
6. 庆阳市合水林业总场连家砭林场
7. 庆阳市合水林业总场太白林场
8. 庆阳市合水林业总场平定川林场
9. 庆阳市华池林业总场豹子川林场
10.. 庆阳市华池林业总场城壕林场
11. 庆阳市华池林业总场大凤川林场
12. 庆阳市华池林业总场东华池林场
13. 庆阳市华池林业总场林镇林场
14. 庆阳市华池林业总场南梁林场
15. 庆阳市华池林业总场山庄林场
16. 庆阳市华池林业总场乔川林场
17. 庆阳市华池林业总场白马林场
18. 庆阳市湘乐林业总场罗山府林场
19. 庆阳市湘乐林业总场盘克林场
20. 庆阳市湘乐林业总场湘乐林场
21. 庆阳市湘乐林业总场九岘林场
22. 庆阳市湘乐林业总场梁掌林场

23. 庆阳市湘乐林业总场桂花塬林场
24. 庆阳市正宁林业总场秦家梁林场
25. 庆阳市正宁林业总场西坡林场
26. 庆阳市正宁林业总场中湾林场
27. 庆阳市正宁林业总场刘家店林场
28. 庆阳市巴家咀林场
29. 环县樊沟泉林场
30. 环县洪涝池林场
31. 环县山城林场
32. 环县四合塬林场
33. 环县小南沟林场
34. 环县黄寨柯林场
35. 环县塔儿咀林场
36. 环县大方山林场
37. 环县洪德林场
38. 环县杨掌林场
39. 庆城县蔡口集林场
40. 镇原县殷家城林场
41. 镇原县三岔林场
42. 镇原县马渠林场
43. 镇原县方山林场
44. 镇原县武沟林场
45. 平凉市崆峒区太统林场
46. 平凉市崆峒区土谷堆林场
47. 泾川县官山林场
48. 灵台县珍珠山林场
49. 灵台县百里林场
50. 灵台县苗家岭林场
51. 崇信县新窑林场
52. 崇信县龙尾沟林场
53. 华亭县东峡林场
54. 华亭县策底林场
55. 庄浪县石桥林场
56. 庄浪县通边林场
57. 庄浪县桃木山林场
58. 静宁县新店林场
59. 静宁县石咀林场
60. 静宁县七里林场
61. 平凉市关山林管局马峡林场
62. 平凉市关山林管局玄峰林场
63. 平凉市关山林管局海龙林场
64. 平凉市关山林管局麻庵林场
65. 天水市秦州区藉源林场
66. 天水市麦积区街子林场
67. 天水市麦积区凤凰林场
68. 秦安县好地林场
69. 秦安县高庙林场
70. 张家川县关山林场
71. 张家川县马鹿林场
72. 武山县南山林场
73. 武山县马河林场
74. 武山县君山林场
75. 甘谷县店子林场
76. 清水县尖山林场
77. 清水县远门林场
78. 清水县张河林场
79. 清水县温泉林场
80. 陇南市康南林业总场阳坝林场
81. 陇南市康南林业总场清河林场
82. 陇南市康南林业总场豆坝林场
83. 陇南市康南林业总场长坝林场
84. 陇南市岷江林业总场黄家路林场
85. 陇南市岷江林业总场大河坝林场
86. 陇南市岷江林业总场池沟林场
87. 陇南市岷江林业总场官鹅林场
88. 陇南市岷江林业总场官亭林场
89. 陇南市武都区渭子沟林场
90. 陇南市武都区洛塘林场

91. 宕昌县狮子林场
92. 成县龙凤山林场
93. 成县赵坝林场
94. 文县洋汤河林场
95. 文县马连河林场
96. 西和县玉泉林场
97. 西和县大桥林场
98. 西和县香山林业站
99. 西和县苏合林业站
100. 西和县兴隆林业站
101. 西和县青崖梁林场
102. 西和县三坪梁林场
103. 徽县通天坪林场
104. 礼县桥头林场
105. 礼县罗坝林场
106. 礼县山峪林场
107. 两当县陈梁林场
108. 碌业县双岔林场
109. 卓尼县叶儿林场
110. 卓尼县新堡林场
111. 夏河县隆瓦林场
112. 夏河县曲奥林场
113. 合作市合作林场
114. 舟曲县九二三林场
115. 迭部县益哇林场
116. 迭部县尼傲林场
117. 迭部县多儿林场
118. 迭部县桑坝林场
119. 临潭县三岔林场
120. 玛曲县西可河林场
121. 和政县大黑沟林场
122. 东乡县维新林场
123. 东乡县高山林场
124. 永靖县巴米山林场
125. 永靖县西河林场
126. 永靖县新寺林场
127. 永靖县三岔坪林场
128. 积石山县盖新坪林场
129. 兰州市阿干林场
130. 兰州市生态林业试验总场
131. 永登县连城林场
132. 永登县将俊埠林场
133. 榆中县贡井林场
134. 皋兰县试验林场
135. 兰州市红古区造林站
136. 兰州市城关区徐家山林场
137. 兰州市城关区五一山造林站
138. 兰州市城关区皋兰山造林站
139. 兰州市七里河区狗牙山造林站
140. 兰州市西固区关山护林站
141. 兰州市西固区元峁山造林站
142. 兰州市西固区九洲台造林站
143. 白银市白银区楼房沟林场
144. 白银市刘家窑林场
145. 景泰县寿鹿山林场
146. 景泰县园林试验示范林场
147. 景泰县治沙试验站
148. 会宁县东山林场
149. 会宁县铁木山林场
150. 会宁县韩家砭林场
151. 靖远县哈思山林场
152. 兰州市平川区崛吴山林场
153. 定西市巉口林业试验场
154. 漳县木寨岭林场
155. 漳县石川林场
156. 渭源县会川林场
157. 渭源县五竹林场
158. 渭源县莲峰林场

159. 岷县马沿林场
160. 岷县马烨林场
161. 岷县闾井林场
162. 定西市安定区车道岭林场
163. 临洮县中铺林场
164. 临洮县南屏林场
165. 临洮县杨家湾林场
166. 临洮县东山林场
167. 武威市苏武山林场
168. 武威市上方寺林场
169. 武威市石羊河林业总场小西沟林场
170. 武威市石羊河林业总场扎子沟林场
171. 武威市石羊河林业总场红崖山林场
172. 武威市石羊河林业总场小坝口林场
173. 武威市石羊河林业总场防沙林试验场
174. 武威市石羊河林业总场大滩林场
175. 武威市石羊河林业总场大滩园林场
176. 武威市石羊河林业总场泉山林场
177. 武威市石羊河林业总场义粮滩林场
178. 古浪县十八里堡林场
179. 古浪县治沙林场
180. 古浪县昌灵山林场
181. 古浪县马路滩林场
182. 古浪县土门林场
183. 古浪县大靖林场
184. 古浪县海子滩林场
185. 天祝县乌鞘岭林场
186. 天祝县古城林场
187. 天祝县哈溪林场
188. 天祝县华隆林场
189. 天祝县夏玛林场
190. 天祝县华藏林场
191. 天祝县祁连林场
192. 民勤县三角城机械林场
193. 武威市凉州区太平滩林场
194. 永昌县东大河林场
195. 永昌县喇叭泉林场
196. 张掖市甘州区寺大隆林场
197. 张掖市甘州区九龙江林场
198. 张掖市甘州区西城驿林场
199. 张掖市甘州区红沙窝林场
200. 张掖市甘州区十里行宫林场
201. 张掖市甘州区东大山林场
202. 临泽县五泉林场
203. 临泽县沙河林场
204. 肃南县西营河林场
205. 肃南县马蹄林场
206. 肃南县西水林场
207. 肃南县康乐林场
208. 肃南县隆畅河林场
209. 肃南县祁丰林场
210. 肃南县明海林场
211. 民乐县六坝林场
212. 民乐县大河口林场
213. 高台县三桥湾林场
214. 高台县碱泉子林场
215. 高台县三益渠林场
216. 山丹县大黄山林场
217. 山丹县十里堡林场

218. 山丹县机械林场
219. 酒泉市肃州区西峰林场
220. 酒泉市肃州区黄粮墩林场
221. 酒泉市肃州区三合林场
222. 酒泉市肃州区长城林场
223. 酒泉市肃州区新城林场
224. 金塔县潮湖林场
225. 定西县城郊林场
226. 敦煌市阳关林场
227. 渗金山林场

青海省（共96个）

1. 西宁市西山林场
2. 西宁市北山林场
3. 西宁市塔尔山林场
4. 西宁市纳家山林场
5. 西宁市湟水林场
6. 大通县宝库林场
7. 大通县东峡林场
8. 大通县试验林场
9. 湟中县上五庄林场
10. 湟中县蚂蚁沟林场
11. 湟中县群加林场
12. 湟中县甘河滩林场
13. 湟源县东峡林场
14. 湟源县南山林场
15. 平安县峡群寺林场
16. 平安县东沟林场
17. 民和县北山林场
18. 民和县满坪林场
19. 民和县西沟林场
20. 民和县杏儿林场
21. 民和县古鄯林场
22. 民和县塘尔垣林场
23. 乐都县湟水林场
24. 乐都县上北山林场
25. 乐都县药草台林场
26. 乐都县下北山林场
27. 乐都县杨宗林场
28. 乐都县下营林场
29. 互助县试验林场
30. 互助县南门峡林场
31. 互助县松多林场
32. 互助县北山林场
33. 化隆县塔加林场
34. 化隆县城关林场
35. 化隆县雄先林场
36. 化隆县柏木峡林场
37. 化隆县青沙山林场
38. 循化县孟达林场
39. 循化县夕昌林场
40. 循化县文都林场
41. 循化县尕楞林场
42. 循化县道帏林场
43. 门源县仙米林场
44. 门源县浩门林场
45. 祁连县祁连林场
46. 黄南州麦秀林场
47. 同仁县兰采林场
48. 同仁县西卜沙林场
49. 同仁县双朋西林场
50. 尖扎县冬果林场
51. 尖扎县洛洼林场
52. 尖扎县坎布拉林场
53. 泽库县官秀林场
54. 泽库县泽曲林场

55. 河南县宁木特林场
56. 河南县优干宁林场
57. 共和县切吉林场
58. 同德县居布林场
59. 同德县江群林场
60. 同德县河北林场
61. 贵德县东山林场
62. 贵德县西河林场
63. 贵德县江拉林场
64. 兴海县中铁林场
65. 兴海县大河坝林场
66. 贵南县居布林场
67. 贵南县莫曲沟林场
68. 班玛县多可河林场
69. 班玛县莲花林场
70. 玛沁县洋玉林场
71. 玛沁县切木曲林场
72. 玛沁县德多可河林场
73. 玉树州江西林场
74. 玉树县东仲林场
75. 囊谦县白扎林场
76. 囊谦县吉曲林场
77. 囊谦县娘拉林场
78. 都兰林场
79. 乌兰林场
80. 班玛县王柔林场
81. 班玛县班前林场
82. 班玛县友谊桥林场
83. 刚察县刚察林场
84. 海晏县林场
85. 杂多县昂赛林场
86. 玛多县玛查理林场
87. 甘德县柯曲林场
88. 达日县达口林场
89. 久治县智青松多林场
90. 移多林场
91. 治多林场
92. 曲麻莱林场
93. 共和县沙珠玉林场
94. 德令哈市国有林场
95. 格尔木市国有林场
96. 民和县试验林场

宁夏自治区（共 97 个）

1. 贺兰山自然保护区管理局
2. 罗山自然保护区管理处
3. 银川苗木实验场
4. 新华桥种苗场
5. 银川市园林场
6. 银川市苗木场
7. 银川市城市苗圃
8. 银川市西干渠苗圃
9. 银川市兴庆区月牙湖治沙林场
10. 银川市兴庆区红墩子林场
11. 永宁县杨显林场
12. 永宁县望洪林场
13. 永宁县征沙林场
14. 贺兰县林场
15. 灵武市白芨滩防沙林场
16. 灵武市北沙窝林场
17. 灵武市狼皮子梁林场
18. 灵武市大泉林场
19. 石嘴山市生态保护林场
20. 石嘴山市园林场
21. 石嘴市惠农区黄河湿地保护林场
22. 平罗县黄河湿地保护林场

23. 平罗县林场
24. 平罗县陶乐治沙林场
25. 盐池机械化林场
26. 吴忠林场
27. 青铜峡市树新林场
28. 盐池县沙生灌木所
29. 盐池县城郊林场
30. 同心县中心林场
31. 中卫市林场
32. 中卫市治沙林场
33. 中卫市西郊林场
34. 中宁县林场
35. 中宁县清水河林场
36. 中宁县轿子山林场
37. 海原县南华山自然保护区管理处
38. 海原县青龙寺林场
39. 海原县西华山林场
40. 海原县李俊苗圃
41. 海原县城关苗圃
42. 海原县牌路山林场
43. 同兴县兴隆林场
44. 海原县高崖林场
45. 海原县李旺林场
46. 海原县月亮山林场
47. 海原县方堡林场
48. 海原县拐洼林场
49. 固原市原州区石砚子林场
50. 固原市原州区马东山林场
51. 固原市原州区东岳山林场
52. 固原市原州区红庄林场
53. 固原市原州区水沟林场
54. 固原市原州区赵千户林场
55. 固原市原州区叠叠沟林场
56. 固原市原州区蝉塔山林场
57. 固原市原州区青石嘴林场
58. 固原市原州区塌山林场
59. 固原市原州区沈家河园艺场
60. 固原市原州区鸦儿沟园艺场
61. 固原市原州区田洼林场
62. 固原市原州区黄铎堡林场
63. 固原市原州区头营林场
64. 固原市原州区深沟林场
65. 固原市原州区六窑林场
66. 泾源县沙塘林场
67. 彭阳县王洼林场
68. 西吉县吉强林场
69. 西吉县扫竹林林场
70. 西吉县将台林场
71. 西吉县大寨乡林场
72. 西吉县兴隆林场
73. 西吉县马建林场
74. 西吉县王坪林场
75. 西吉县刘家山头林场
76. 西吉县月亮山林场
77. 西吉县马连林场
78. 隆德县金华林场
79. 隆德县观堡林场
80. 隆德县堡子山林场
81. 隆德县神林南山林场
82. 隆德县盘龙山林场
83. 六盘山林业管理局挂马沟林场
84. 六盘山林业管理局水沟林场
85. 六盘山林业管理局绿垣林场
86. 六盘山林业管理局青石嘴林场
87. 六盘山林业管理局王化南林场
88. 六盘山林业管理局龙潭林场
89. 六盘山林业管理局红峡林场
90. 六盘山林业管理局秋千架林场

91. 六盘山林业管理局西峡林场
92. 六盘山林业管理局东山坡林场
93. 六盘山林业管理局卧羊川林场
94. 六盘山林业管理局和尚铺林场
95. 六盘山林业管理局峰台林场
96. 六盘山林业管理局苏台林场
97. 六盘山林业管理局二龙河林场

新疆自治区（共80个）

1. 疏勒县林场
2. 英吉沙县巴旦林场
3. 英吉沙县毛阿里林场
4. 莎车县二林场
5. 泽普县亚斯墩林场
6. 叶城县林场
7. 伽师县林场
8. 麦盖提县五一林场
9. 麦盖提县胡杨林场
10. 巴楚县下河林场
11. 巴楚县夏马力林场
12. 喀什地区昆仑山林场
13. 皮山县胡杨林管理站
14. 墨玉县胡杨林管理站
15. 和田县胡杨林管理站
16. 洛浦县胡杨林管理站
17. 洛浦县多鲁林场
18. 策勒县胡杨林管理站
19. 于田县胡杨林管理站
20. 民丰县胡杨林管理站
21. 克孜勒苏柯尔克孜自治州州平原林场
22. 克孜勒苏柯尔克孜自治州州噢依塔克林场
23. 阿克苏地区试验林场
24. 温宿县木本粮油林场
25. 温宿县佳木林场
26. 库车县胡杨林管理站
27. 新和县胡杨林管理站
28. 温宿县胡杨林管理站
29. 柯坪县胡杨林管理站
30. 阿瓦提县胡杨林管理站
31. 库车县天山林场
32. 阿克苏地区天山林场
33. 沙雅县林场
34. 库尔勒市胡杨管理站
35. 轮台县胡杨林管理站
36. 和硕县胡杨林管理站
37. 且末县胡杨林管理站
38. 尉犁县胡杨林管理站
39. 若羌县胡杨林管理站
40. 和静县拉布润林场
41. 哈密市南湖胡杨林管理站
42. 伊吾县淖毛湖胡杨林管理站
43. 巴里坤县三塘湖胡杨林管理站
44. 伊吾县河谷林管理站
45. 伊犁州平原林场
46. 伊宁县喀什河造林站
47. 尼勒克县克令次生林管理站
48. 特克斯县河谷次生林管理站
49. 霍城县伊犁河谷次生林改造治沙站
50. 乌苏市甘家湖林场
51. 和丰县白松林场
52. 额敏县哈拉也门林场
53. 沙湾县三道河子林场

54. 塔城市南湖次生林场
55. 托里县巴尔鲁克山林场
56. 裕民县巴尔鲁克山林场
57. 托里县白杨河林场
58. 托里县老风口林场
59. 阿勒泰地区园林场
60. 阿勒泰市北屯林场
61. 布尔津县平原林场
62. 福海县平原林场
63. 阜康林场
64. 巩乃斯林场
65. 莎车一林场
66. 哈巴河县平原林场
67. 博州精河林场
68. 博州三台林场
69. 博州哈日图热格林场
70. 博州哈夏林场
71. 精河县次生林管理站
72. 温泉县次生林管理站
73. 博乐市次生林管理站
74. 昌吉回族自治州州北塔山国有林管理站
75. 呼图壁县干河子国有林场
76. 乌鲁木齐市柴窝堡林场
77. 玛纳斯平原林场
78. 新源林场
79. 八一实习林场
80. 夏玛勒胡杨林场

中国林科院（共4个）

1. 中国林科院亚热带林业试验中心
2. 中国林科院热带林业试验中心
3. 中国林科院沙漠林业试验中心
4. 中国林科院华北林业实验中心

二、2013年度全国十佳林场名单

1. 山东省泰安市徂徕山林场
2. 广西国营大桂山林场
3. 宁夏灵武市白芨滩防沙林场
4. 内蒙古自治区五岔沟林业局
5. 黑龙江省佳木斯市孟家岗林场
6. 湖北省大老岭林场
7. 浙江省乐清市雁荡林场
8. 北京市八达岭林场
9. 河南省禹州市林场
10. 海南省岛东林场
11. 山西省杨树局落阵营林场
12. 贵州省习水县土河林场
13. 四川省广元市曾家森林经营所
14. 江西省信丰县金盆山林场
15. 吉林省上营森林经营局
16. 广东省肇庆市国有林业总场新岗林场
17. 甘肃省庆阳市国营正宁林业总场中湾林场
18. 重庆市彭水县茂云山国有林场
19. 新疆玛纳斯县平原林场
20. 陕西省岚皋县国营林业总场